Le Malade imaginai

Auteur : Molière
Catégorie : Théâtre

Licence : Domaine public

Introduction

Comédie
Mêlée de musique et de danses
Représentée pour la première fois sur le Théâtre de la salle du Palais-Royal le 10 février 1673 par la Troupe du Roi

Personnages

Argan, malade imaginaire.
Béline, seconde femme d'Argan.
Angélique, fille d'Argan, et amante de Cléante.
Louison, petite fille d'Argan, et soeur d'Angélique.
Béralde, frère d'Argan.
Cléante, amant d'Angélique.
Monsieur Diafoirus, médecin.
Thomas Diafoirus, son fils, et amant d'Angélique.
Monsieur Purgon, médecin d'Argan.
Monsieur Fleurant, apothicaire.
Monsieur Bonnefoy, notaire.
Toinette, servante.

La scène est à Paris.

Le prologue

Après les glorieuses fatigues et les exploits victorieux de notre auguste monarque, il est bien juste que tous ceux qui se mêlent d'écrire travaillent ou à ses louanges, ou à son divertissement. C'est ce qu'ici l'on a voulu faire, et ce prologue est un essai des louanges de ce grand prince, qui donne entrée à la comédie du Malade imaginaire, dont le projet a été fait pour le délasser de ses nobles travaux.
(La décoration représente un lieu champêtre fort agréable.)

Eglogue
En musique et en danse.
Flore, Pan, Climène, Daphné, Tircis, Dorilas, deux Zéphirs, troupe de Bergères et de Bergers.

Flore
Quittez, quittez vos troupeaux,
Venez, Bergers, venez, Bergères,
Accourez, accourez sous ces tendres ormeaux :
Je viens vous annoncer des nouvelles bien chères,
Et réjouir tous ces hameaux.
Quittez, quittez vos troupeaux,
Venez, Bergers, venez, Bergères,
Accourez, accourez sous ces tendres ormeaux.

Climène et Daphné
Berger, laissons là tes feux,
Voilà Flore qui nous appelle.
Tircis et Dorilas
Mais au moins dis-moi, cruelle,

Tircis

Si d'un peu d'amitié tu payeras mes voeux ?

Dorilas
Si tu seras sensible à mon ardeur fidèle ?

Climène et Daphné
Voilà Flore qui nous appelle.

Tircis et Dorilas
Ce n'est qu'un mot, un mot, un seul mot que je veux.

Tircis
Languirai-je toujours dans ma peine mortelle ?

Dorilas
Puis-je espérer qu'un jour tu me rendras heureux ?

Climène et Daphné
Voilà Flore qui nous appelle.

Entrée de ballet
Toute la troupe des Bergers et des Bergères va se placer en cadence autour de Flore.

Climène
Quelle nouvelle parmi nous,
Déesse, doit jeter tant de réjouissance ?
Daphné
Nous brûlons d'apprendre de vous
Cette nouvelle d'importance.

Dorilas
D'ardeur nous en soupirons tous.

Tous

Nous en mourons d'impatience.

Flore
La voici : silence, silence !
Vos voeux sont exaucés, Louis est de retour,
Il ramène en ces lieux les plaisirs et l'amour,
Et vous voyez finir vos mortelles alarmes.
Par ses vastes exploits son bras voit tout soumis :
Il quitte les armes,
Faute d'ennemis.

Tous
Ah ! quelle douce nouvelle !
Qu'elle est grande ! qu'elle est belle !
Que de plaisirs ! que de ris ! que de jeux !
Que de succès heureux !
Et que le Ciel a bien rempli nos voeux !
Ah ! quelle douce nouvelle !
Qu'elle est grande, qu'elle est belle !
Entrée de Ballet
Tous les Bergers et Bergères expriment par des danses les transports de leur joie.

Flore
De vos flûtes bocagères
Réveillez les plus beaux sons :
Louis offre à vos chansons
La plus belle des matières.
Après cent combats,
Où cueille son bras,
Une ample victoire,
Formez entre vous
Cent combats plus doux,
Pour chanter sa gloire.

Tous
Formons entre nous
Cent combats plus doux,
Pour chanter sa gloire.

Flore
Mon jeune amant, dans ce boi
Des présents de mon empire
Prépare un prix à la voix
Qui saura le mieux nous dire
Les vertus et les exploits
Du plus auguste des rois.
Climène
Si Tircis a l'avantage,

Daphné
Si Dorilas est vainqueur

Climène
A le chérir je m'engage.

Daphné
Je me donne à son ardeur.

Tircis
O très chère espérance !

Dorilas
O mot plein de douceur !

Tous deux
Plus beau sujet, plus belle récompense
Peuvent-ils animer un coeur ?
Les violons jouent un air pour animer les deux Bergers au combat, tandis que Flore, comme juge, va se placer

au pied de l'arbre, avec deux Zéphirs, et que le reste, comme spectateurs, va occuper les deux coins du théâtre.

Tircis
Quand la neige fondue enfle un torrent fameux,
Contre l'effort soudain de ses flots écumeux Il n'est rien d'assez solide ;
Digues, châteaux, villes, et bois,
Hommes et troupeaux à la fois,
Tout cède au courant qui le guide :
Tel, et plus fier, et plus rapide,
Marche Louis dans ses exploits.

Ballet
Les Bergers et Bergères de son côté dansent autour de lui, sur une ritournelle, pour exprimer leurs applaudissements.

Dorilas
Le foudre menaçant, qui perce avec fureur
L'affreuse obscurité de la nue enflammée,
Fait d'épouvante et d'horreur
Trembler le plus ferme coeur :
Mais à la tête d'une armée
Louis jette plus de terreur.

Ballet
Les Bergers et Bergères de son côté font de même que les autres.

Tircis
Des fabuleux exploits que la Grèce a chantés,
Par un brillant amas de belles vérités
Nous voyons la gloire effacée,
Et tous ces fameux demi-dieux
Que vante l'histoire passée
Ne sont point à notre pensée
Ce que Louis est à nos yeux.

Ballet
Les Bergers et Bergères de son côté font encore la même chose.

Dorilas
Louis fait à nos temps, par ses faits inouïs,
Croire tous les beaux faits que nous chante l'histoire
Des siècles évanouis :
Mais nos neveux, dans leur gloire,
N'auront rien qui fasse croire
Tous les beaux faits de LOUIS.

Ballet
Les Bergers et Bergères de son côté font encore de même, après quoi les deux partis se mêlent.

Pan, suivi des Faunes.
Laissez, laissez, Bergers, ce dessein téméraire.
Hé ! que voulez-vous faire ?
Chanter sur vos chalumeaux
Ce qu'Apollon sur sa lyre,
Avec ses chants les plus beaux,
N'entreprendroit pas de dire,
C'est donner trop d'essor au feu qui vous inspire,
C'est monter vers les cieux sur des ailes de cire,
Pour tomber dans le fond des eaux.
Pour chanter de LOUIS l'intrépide courage,
Il n'est point d'assez docte voix,
Point de mots assez grands pour en tracer l'image :
Le silence est le langage
Qui doit louer ses exploits.
Consacrez d'autres soins à sa pleine victoire ;
Vos louanges n'ont rien qui flatte ses désirs ;
Laissez, laissez là sa gloire,
Ne songez qu'à ses plaisirs.

Tous.
Laissons, laissons là sa gloire,
Ne songeons qu'à ses plaisirs.

Flore
Bien que, pour étaler ses vertus immortelles,
La force manque à vos esprits,
Ne laissez pas tous deux de recevoir le prix :
Dans les choses grandes et belles
Il suffit d'avoir entrepris.

Entrée de Ballet
Les deux Zéphirs dansent avec deux couronnes de fleurs à la main, qu'ils viennent ensuite donner aux deux bergers.

Climène et Daphné, en leur donnant la main.
Dans les choses grandes et belles
Il suffit d'avoir entrepris.

Tircis et Dorilas
Ha ! que d'un doux succès notre audace est suivie !
Ce qu'on fait pour LOUIS, on ne le perd jamais.
Les quatre amants
Au soin de ses plaisirs donnons-nous désormais.

Flore et Pan
Heureux, heureux qui peut lui consacrer sa vie !

Tous
Joignons tous dans ces bois
Nos flûtes et nos voix,
Ce jour nous y convie ;
Et faisons aux échos redire mille fois :
"LOUIS est le plus grand des rois ;
Heureux, heureux qui peut lui consacrer sa vie ! "

Dernière et grande entrée de Ballet
Faune, Bergers et Bergères, tous se mêlent, et il se fait entre eux des jeux de danse, après quoi ils se vont préparer pour la Comédie.

Autre prologue

Le théâtre représente une forêt.
L'ouverture du théâtre se fait par un bruit agréable d'instruments. Ensuite une Bergère vient se plaindre tendrement de ce qu'elle ne trouve aucun remède pour soulager les peines qu'elle endure. Plusieurs Faunes et Aegipans, assemblés pour des fêtes et des jeux qui leur sont particuliers rencontrent la Bergère. Ils écoutent ses plaintes et forment un spectacle très-divertissant.

Plainte de la Bergère
Votre plus haut savoir n'est que pure chimère,
Vains et peu sages médecins ;
Vous ne pouvez guérir par vos grands mots latins
La douleur qui me désespère :
Votre plus haut savoir n'est que pure chimère.
Hélas ! je n'ose découvrir
Mon amoureux martyre
Au Berger pour qui je soupire,
Et qui seul peut me secourir.
Ne prétendez pas le finir,
Ignorants médecins, vous ne sauriez le faire :
Votre plus haut savoir n'est que pure chimère.
Ces remèdes peu sûrs dont le simple vulgaire
Croit que vous connoissez l'admirable vertu,
Pour les maux que je sens n'ont rien de salutaire ;
Et tout votre caquet ne peut être reçu... Que d'un Malade imaginaire.
Votre plus haut savoir n'est que pure chimère,
Vains et peu sages médecins ;
Vous ne pouvez guérir par vos grands mots latins
La douleur qui me désespère ;
Votre plus haut savoir n'est que pure chimère.

Le théâtre change et représente une chambre.

Acte I

Scène I

Argan, seul dans sa chambre assis, une table devant lui, compte des parties, d'apothicaire avec des jetons ; il fait, parlant à lui-même, les dialogues suivants.

Trois et deux font cinq, et cinq font dix, et dix font vingt. Trois et deux font cinq. "Plus, du vingt-quatrième, un petit clystère insinuatif, préparatif, et rémollient, pour amollir, humecter, et rafraîchir les entrailles de Monsieur." Ce qui me plaît de Monsieur Fleurant, mon apothicaire, c'est que ses parties sont toujours fort civiles : "les entrailles de Monsieur, trente sols." Oui, mais, Monsieur Fleurant, ce n'est pas tout que d'être civil, il faut être aussi raisonnable, et ne pas écorcher les malades. Trente sols un lavement : Je suis votre serviteur, je vous l'ai déjà dit. Vous ne me les avez mis dans les autres parties qu'à vingt sols, et vingt sols en langage d'apothicaire, c'est-à-dire dix sols ; les voilà, dix sols. "Plus, dudit jour, un bon clystère détersif, composé avec catholicon double, rhubarbe, miel rosat, et autres, suivant l'ordonnance, pour balayer, laver, et nettoyer le bas-ventre de Monsieur, trente sols." Avec votre permission, dix sols. "Plus, dudit jour, le soir, un julep hépatique, soporatif, et somnifère, composé pour faire dormir Monsieur, trente-cinq sols." Je ne me plains pas de celui-là, car il me fit bien dormir. Dix, quinze, seize et dix-sept sols, six deniers. "Plus, du vingt-cinquième, une bonne médecine purgative et corroborative, composée de casse récente avec séné levantin, et autres, suivant l'ordonnance de Monsieur Purgon, pour expulser et évacuer la bile de Monsieur, quatre livres." Ah ! Monsieur Fleurant, c'est se moquer ; il faut vivre avec les malades. Monsieur Purgon ne vous a pas ordonné de mettre quatre francs. Mettez, mettez trois livres, s'il vous plaît. Vingt et trente sols. "Plus, dudit jour, une potion anodine et astringente, pour faire reposer Monsieur, trente sols." Bon, dix et quinze sols. "Plus, du

vingt-sixième, un clystère carminatif, pour chasser les vents de Monsieur, trente sols." Dix sols, Monsieur Fleurant. "Plus, le clystère de Monsieur réitéré le soir, comme dessus, trente sols." Monsieur Fleurant, dix sols. "Plus, du vingt-septième, une bonne médecine composée pour hâter d'aller, et chasser dehors les mauvaises humeurs de Monsieur, trois livres." Bon, vingt et trente sols : je suis bien aise que vous soyez raisonnable. "Plus, du vingt-huitième, une prise de petit-lait clarifié, et dulcoré, pour adoucir, lénifier, tempérer, et rafraîchir le sang de Monsieur, vingt sols." Bon, dix sols. "Plus, une potion cordiale et préservative, composée avec douze grains de bézoard, sirops de limon et grenade, et autres, suivant l'ordonnance, cinq livres." Ah ! Monsieur Fleurant, tout doux, s'il vous plaît ; si vous en usez comme cela, on ne voudra plus être malade : contentez-vous de quatre francs. Vingt et quarante sols. Trois et deux font cinq, et cinq font dix, et dix font vingt. Soixante et trois livres, quatre sols, six deniers. Si bien donc que de ce mois j'ai pris une, deux, trois, quatre, cinq, six, sept et huit médecines ; et un, deux, trois, quatre, cinq, six, sept, huit, neuf, dix, onze et douze lavements ; et l'autre mois il y avoit douze médecines, et vingt lavements. Je ne m'étonne pas si je ne me porte pas si bien ce mois-ci que l'autre. Je le dirai à Monsieur Purgon, afin qu'il mette ordre à cela. Allons, qu'on m'ôte tout ceci. Il n'y a personne : j'ai beau dire, on me laisse toujours seul ; il n'y a pas moyen de les arrêter ici. (Il sonne une sonnette pour faire venir ses gens.) Ils n'entendent point, et ma sonnette ne fait pas assez de bruit. Drelin, drelin, drelin : point d'affaire. Drelin, drelin, drelin : ils sont sourds. Toinette ! Drelin, drelin, drelin : tout comme si je ne sonnois point. Chienne, coquine ! Drelin, drelin, drelin : j'enrage. (Il ne sonne plus mais il crie.) Drelin, drelin, drelin : carogne, à tous les diables ! Est-il possible qu'on laisse comme cela un pauvre malade tout seul ? Drelin, drelin, drelin : voilà qui est pitoyable ! Drelin, drelin, drelin : ah, mon Dieu ! ils me laisseront ici mourir. Drelin, drelin, drelin.
Scène II

Toinette, Argan

Toinette, en entrant dans la chambre.
On y va.

Argan
Ah, chienne ! ah, carogne... !

Toinette, faisant semblant de s'être cogné la tête.
Diantre soit fait de votre impatience ! vous pressez si fort les personnes, que je me suis donné un grand coup de la tête contre la carne d'un volet.

Argan, en colère.
Ah ! traîtresse... !

Toinette, pour l'interrompre et l'empêcher de crier, se plaint toujours en disant.
Ha !

Argan
Il y a...

Toinette
Ha !

Argan
Il y a une heure...
Toinette
Ha !

Argan
Tu m'as laissé...

Toinette
Ha !

Argan
Tais-toi donc, coquine, que je te querelle.

Toinette
Çamon, ma foi ! j'en suis d'avis, après ce que je me suis fait.

Argan
Tu m'as fait égosiller, carogne.

Toinette
Et vous m'avez fait, vous, casser la tête : l'un vaut bien l'autre ; quitte à quitte, si vous voulez.

Argan
Quoi ? coquine...

Toinette
Si vous querellez, je pleurerai.
Argan
Me laisser, traîtresse...

Toinette, toujours pour l'interrompre :
Ha !

Argan
Chienne, tu veux...

Toinette
Ha !

Argan
Quoi ? il faudra encore que je n'aye pas le plaisir de la quereller.

Toinette
Querellez tout votre soûl, je le veux bien.

Argan
Tu m'en empêches, chienne, en m'interrompant à tous coups.

Toinette
Si vous avez le plaisir de quereller, il faut bien que, de mon côté, j'aye le plaisir de pleurer : chacun le sien, ce n'est pas trop. Ha !

Argan
Allons, il faut en passer par là. Ote-moi ceci, coquine, ôte-moi ceci. (Argan se lève de sa chaise.) Mon lavement d'aujourd'hui a-t-il bien opéré ?

Toinette
Votre lavement ?

Argan
Oui. Ai-je bien fait de la bile ?

Toinette
Ma foi ! je ne me mêle point de ces affaires-là : c'est à Monsieur Fleurant à y mettre le nez, puisqu'il en a le profit.

Argan
Qu'on ait soin de me tenir un bouillon prêt, pour l'autre que je dois tantôt prendre.

Toinette
Ce Monsieur Fleurant-là et ce Monsieur Purgon s'égayent bien sur votre corps ; ils ont en vous une bonne vache à lait ; et je voudrais bien leur demander quel mal vous avez, pour vous faire tant de remèdes.

Argan
Taisez-vous, ignorante, ce n'est pas à vous à contrôler les ordonnances de la médecine. Qu'on me fasse venir ma fille Angélique, j'ai à lui dire quelque chose.

Toinette
La voici qui vient d'elle-même : elle a deviné votre pensée.

Scène III

Angélique, Toinette, Argan

Argan
Approchez, Angélique ; vous venez à propos : je voulois vous parler.

Angélique
Me voilà prête à vous ouïr.

Argan, courant au bassin.
Attendez. Donnez-moi mon bâton. Je vais revenir tout à l'heure.

Toinette, en le raillant.
Allez vite, Monsieur, allez. Monsieur Fleurant nous donne des affaires.
Scène IV

Angélique, Toinette

Angélique, la regardant d'un oeil languissant, lui dit confidemment :
Toinette.

Toinette
Quoi ?

Angélique
Regarde-moi un peu.

Toinette
Hé bien ! je vous regarde.

Angélique
Toinette.

Toinette

Hé bien, quoi, "Toinette" ?

Angélique
Ne devines-tu point de quoi je veux parler ?

Toinette
Je m'en doute assez : de notre jeune amant ; car c'est sur lui, depuis six jours, que roulent tous nos entretiens ; et vous n'êtes point bien si vous n'en parlez à toute heure.

Angélique
Puisque tu connois cela, que n'es-tu donc la première à m'en entretenir, et que ne m'épargnes-tu la peine de te jeter sur ce discours ?

Toinette
Vous ne m'en donnez pas le temps, et vous avez des soins là-dessus qu'il est difficile de prévenir.

Angélique
Je t'avoue que je ne saurois me lasser de te parler de lui, et que mon coeur profite avec chaleur de tous les moments de s'ouvrir à toi. Mais dis-moi, condamnes-tu, Toinette, les sentiments que j'ai pour lui ?

Toinette
Je n'ai garde.

Angélique
Ai-je tort de m'abandonner à ces douces impressions ?

Toinette
Je ne dis pas cela.

Angélique
Et voudrois-tu que je fusse insensible aux tendres protestations de cette passion ardente qu'il témoigne pour moi ?
Toinette

A Dieu ne plaise !

Angélique
Dis-moi un peu, ne trouves-tu pas, comme moi, quelque chose du Ciel, quelque effet du destin, dans l'aventure inopinée de notre connoissance ?

Toinette
Oui.

Angélique
Ne trouves-tu pas que cette action d'embrasser ma défense sans me connoître est tout à fait d'un honnête homme ?

Toinette
Oui.

Angélique
Que l'on ne peut pas en user plus généreusement ?

Toinette
D'accord.

Angélique
Et qu'il fit tout cela de la meilleure grâce du monde ?

Toinette
Oh ! oui.

Angélique
Ne trouves-tu pas, Toinette, qu'il est bien fait de sa personne ?

Toinette
Assurément.

Angélique
Qu'il a l'air le meilleur du monde ?

Toinette
Sans doute.

Angélique
Que ses discours, comme ses actions, ont quelque chose de noble ?

Toinette
Cela est sûr.

Angélique
Qu'on ne peut rien entendre de plus passionné que tout ce qu'il me dit ?

Toinette
Il est vrai.

Angélique
Et qu'il n'est rien de plus fâcheux que la contrainte où l'on me tient, qui bouche tout commerce aux doux empressements de cette mutuelle ardeur que le Ciel nous inspire ?

Toinette
Vous avez raison.

Angélique
Mais, ma pauvre Toinette, crois-tu qu'il m'aime autant qu'il me le dit ?

Toinette
Eh, eh ! ces choses-là, parfois, sont un peu sujettes à caution. Les grimaces d'amour ressemblent fort à la vérité ; et j'ai vu de grands comédiens là-dessus.

Angélique
Ah ! Toinette, que dis-tu là ? Hélas ! de la façon qu'il parle, seroit-il bien possible qu'il ne me dît pas vrai ?

Toinette
En tout cas, vous en serez bientôt éclaicie ; et la résolution où il vous écrivit hier qu'il étoit de vous faire demander en mariage est une prompte voie à vous faire connoître s'il vous dit vrai, ou non : c'en sera là la bonne preuve.

Angélique
Ah ! Toinette, si celui-là me trompe, je ne croirai de ma vie aucun homme.

Toinette
Voilà votre père qui revient.
Scène V

Argan, Angélique, Toinette

Argan se met dans sa chaise.
O çà, ma fille, je vais vous dire une nouvelle, où peut-être ne vous attendez-vous pas : on vous demande en mariage. Qu'est-ce que cela ? vous riez. Cela est plaisant, oui, ce mot de mariage ; il n'y a rien de plus drôle pour les jeunes filles : ah ! nature, nature ! A ce que je puis voir, ma fille, je n'ai que faire de vous demander si vous voulez bien vous marier.

Angélique
Je dois faire, mon père, tout ce qu'il vous plaira de m'ordonner.

Argan
Je suis bien aise d'avoir une fille si obéissante. La chose est donc conclue, et je vous ai promise.

Angélique
C'est à moi, mon père, de suivre aveuglément toutes vos volontés.

Argan
Ma femme, votre belle-mère, avoit envie que je vous fisse religieuse, et votre petite soeur Louison aussi, et de tout temps elle a été aheurtée à cela.
Toinette, tout bas.

La bonne bête a ses raisons.

Argan
Elle ne vouloit point consentir à ce mariage, mais je l'ai emporté, et ma parole est donnée.

Angélique
Ah ! mon père, que je vous suis obligée de toutes vos bontés.

Toinette
En vérité, je vous sais bon gré de cela, et voilà l'action la plus sage que vous ayez faite de votre vie.

Argan
Je n'ai point encore vu la personne ; mais on m'a dit que j'en serois content, et toi aussi.

Angélique
Assurément, mon père.

Argan
Comment l'as-tu vu ?

Angélique
Puisque votre consentement m'autorise à vous pouvoir ouvrir mon coeur, je ne feindrai point de vous dire que le hasard nous a fait connoître il y a six jours, et que la demande qu'on vous a faite est un effet de l'inclination que, dès cette première vue, nous avons prise l'un pour l'autre.

Argan
Ils ne m'ont pas dit cela ; mais j'en suis bien aise, et c'est tant mieux que les choses soient de la sorte. Ils disent que c'est un grand jeune garçon bien fait.

Angélique
Oui, mon père.

Argan
De belle taille.

Angélique
Sans doute.

Argan
Agréable de sa personne.

Angélique
Assurément.

Argan
De bonne physionomie.

Angélique
Très-bonne.

Argan
Sage, et bien né.
Angélique
Tout à fait.

Argan
Fort honnête.

Angélique
Le plus honnête du monde.

Argan
Qui parle bien latin, et grec.

Angélique
C'est ce que je ne sais pas.

Argan
Et qui sera reçu médecin dans trois jours.

Angélique
Lui, mon père ?

Argan
Oui. Est-ce qu'il ne te l'a pas dit ?

Angélique
Non vraiment. Qui vous l'a dit à vous ?

Argan
Monsieur Purgon.

Angélique
Est-ce que Monsieur Purgon le connoît ?

Argan
La belle demande ! il faut bien qu'il le connoisse, puisque c'est son neveu.

Angélique
Cléante, neveu de Monsieur Purgon ?

Argan
Quel Cléante ? Nous parlons de celui pour qui l'on t'a demandée en mariage.

Angélique
Hé ! oui.

Argan
Hé bien, c'est le neveu de Monsieur Purgon, qui est le fils de son beau-frère le médecin, Monsieur Diafoirus ; et ce fils s'appelle Thomas Diafoirus, et non pas Cléante ; et nous avons conclu ce mariage-là ce

matin, Monsieur Purgon, Monsieur Fleurant et moi, et, demain, ce gendre prétendu doit m'être amené par son père. Qu'est-ce ? vous voilà toute ébaubie ?

Angélique
C'est, mon père, que je connois que vous avez parlé d'une personne, et que j'ai entendu une autre.
Toinette
Quoi ? Monsieur, vous auriez fait ce dessein burlesque ? Et avec tout le bien que vous avez, vous voudriez marier votre fille avec un médecin ?

Argan
Oui. De quoi te mêles-tu, coquine, impudente que tu es ?

Toinette
Mon Dieu ! tout doux : vous allez d'abord aux invectives. Est-ce que nous ne pouvons pas raisonner ensemble sans nous emporter ? Là, parlons de sang-froid. Quelle est votre raison, s'il vous plaît, pour un tel mariage ?

Argan
Ma raison est que, me voyant infirme et malade comme je suis, je veux me faire un gendre et des alliés médecins, afin de m'appuyer de bons secours contre ma maladie, d'avoir dans ma famille les sources des remèdes qui me sont nécessaires, et d'être à même des consultations et des ordonnances.

Toinette
Hé bien ! voilà dire une raison, et il y a plaisir à se répondre doucement les uns aux autres. Mais, Monsieur, mettez la main à la conscience : est-ce que vous êtes malade ?

Argan
Comment, coquine, si je suis malade ? si je suis malade, impudente ?
Toinette
Hé bien ! oui, Monsieur, vous êtes malade, n'ayons point de querelle là-dessus ; oui, vous êtes fort malade, j'en demeure d'accord, et plus

malade que vous ne pensez : voilà qui est fait. Mais votre fille doit épouser un mari pour elle ; et, n'étant point malade, il n'est pas nécessaire de lui donner un médecin.

Argan
C'est pour moi que je lui donne ce médecin ; et une fille de bon naturel doit être ravie d'épouser ce qui est utile à la santé de son père.

Toinette
Ma foi ! Monsieur, voulez-vous qu'en amie je vous donne un conseil ?

Argan
Quel est-il ce conseil ?

Toinette
De ne point songer à ce mariage-là.

Argan
Hé la raison ?

Toinette
La raison ? C'est que votre fille n'y consentira point.
Argan
Elle n'y consentira point ?

Toinette
Non.

Argan
Ma fille ?

Toinette
Votre fille. Elle vous dira qu'elle n'a que faire de Monsieur Diafoirus, ni de son fils Thomas Diafoirus, ni de tous les Diafoirus du monde.

Argan
J'en ai affaire, moi, outre que le parti est plus avantageux qu'on ne pense. Monsieur Diafoirus n'a que ce fils-là pour tout héritier ; et, de plus, Monsieur Purgon, qui n'a ni femme, ni enfants, lui donne tout son bien, en faveur de ce mariage ; et Monsieur Purgon est un homme qui a huit mille bonnes livres de rente.

Toinette
Il faut qu'il ait tué bien des gens, pour s'être fait si riche.

Argan
Huit mille livres de rente sont quelque chose, sans compter le bien du père.

Toinette
Monsieur, tout cela est bel et bon ; mais j'en reviens toujours là : je vous conseille, entre nous, de lui choisir un autre mari, et elle n'est point faite pour être Madame Diafoirus.

Argan
Et je veux, moi, que cela soit.

Toinette
Eh fi ! ne dites pas cela.

Argan
Comment, que je ne dise pas cela ?

Toinette
Hé non !

Argan
Et pourquoi ne le dirai-je pas ?

Toinette
On dira que vous ne songez pas à ce que vous dites.

Argan
On dira ce qu'on voudra ; mais je vous dis que je veux qu'elle exécute la parole que j'ai donnée.

Toinette
Non : je suis sûr qu'elle ne le fera pas.
Argan
Je l'y forcerai bien.

Toinette
Elle ne le fera pas, vous dis-je.

Argan
Elle le fera, ou je la mettrai dans un convent.

Toinette
Vous ?

Argan
Moi.

Toinette
Bon.

Argan
Comment, "bon" ?

Toinette
Vous ne la mettrez point dans un convent.

Argan
Je ne la mettrai point dans un convent ?

Toinette
Non.

Argan
Non ?

Toinette
Non.

Argan
Ouais ! voici qui est plaisant : je ne mettrai pas ma fille dans un convent, si je veux ?

Toinette
Non, vous dis-je.

Argan
Qui m'en empêchera ?

Toinette
Vous-même.

Argan
Moi ?

Toinette
Oui, vous n'aurez pas ce coeur-là.

Argan
Je l'aurai.
Toinette
Vous vous moquez.

Argan
Je ne me moque point.

Toinette
La tendresse paternelle vous prendra.

Argan
Elle ne me prendra point.

Toinette
Une petite larme ou deux, des bras jetés au cou, un "mon petit papa mignon", prononcé tendrement, sera assez pour vous toucher.

Argan
Tout cela ne fera rien.

Toinette
Oui, oui.

Argan
Je vous dis que je n'en démordrai point.

Toinette
Bagatelles.
Argan
Il ne faut point dire "bagatelles".

Toinette
Mon Dieu ! je vous connois, vous êtes bon naturellement.

Argan, avec emportement.
Je ne suis point bon, et je suis méchant quand je veux.

Toinette
Doucement, Monsieur : vous ne songez pas que vous êtes malade.

Argan
Je lui commande absolument de se préparer à prendre le mari que je dis.

Toinette

Et moi, je lui défends absolument d'en faire rien.

Argan
Où est-ce donc que nous sommes ? et quelle audace est-ce là à une coquine de servante de parler de la sorte devant son maître ?

Toinette
Quand un maître ne songe pas à ce qu'il fait, une servante bien sensée est en droit de le redresser.
Argan court après Toinette.
Ah ! insolente, il faut que je t'assomme.

Toinette se sauve de lui.
Il est de mon devoir de m'opposer aux choses qui vous peuvent déshonorer.

Argan, en colère, court après elle autour de sa chaise, son bâton à la main.
Viens, viens, que je t'apprenne à parler.

Toinette, courant, et se sauvant du côté de la chaise où n'est pas Argan.
Je m'intéresse, comme je dois, à ne vous point laisser faire de folie.

Argan
Chienne !

Toinette
Non, je ne consentirai jamais à ce mariage.

Argan
Pendarde !

Toinette
Je ne veux point qu'elle épouse votre Thomas Diafoirus.
Argan
Carogne !

Toinette
Et elle m'obéira plutôt qu'à vous.

Argan
Angélique, tu ne veux pas m'arrêter cette coquine-là ?

Angélique
Eh ! mon père, ne vous faites point malade.

Argan
Si tu ne me l'arrêtes, je te donnerai ma malédiction.

Toinette
Et moi, je la déshériterai, si elle vous obéit.

Argan se jette dans sa chaise, étant las de courir après elle.
Ah ! ah ! je n'en puis plus : Voilà pour me faire mourir.
Scène VI

Béline, Angélique, Toinette, Argan

Argan
Ah ! ma femme, approchez.

Béline
Qu'avez-vous, mon pauvre mari ?

Argan
Venez-vous-en ici à mon secours.

Béline
Qu'est-ce que c'est donc qu'il y a, mon petit fils ?

Argan

Mamie.

Béline
Mon ami.

Argan
On vient de me mettre en colère !

Béline
Hélas ! pauvre petit mari. Comment donc, mon ami ?
Argan
Votre coquine de Toinette est devenue plus insolente que jamais.

Béline
Ne vous passionnez donc point.

Argan
Elle m'a fait enrager, mamie.

Béline
Doucement, mon fils.

Argan
Elle a contrecarré, une heure durant, les choses que je veux faire.

Béline
Là, là, tout doux.

Argan
Et a eu l'effronterie de me dire que je ne suis point malade.

Béline
C'est une impertinente.

Argan

Vous savez, mon coeur, ce qui en est.
Béline
Oui, mon coeur, elle a tort.

Argan
Mamour, cette coquine-là me fera mourir.

Béline
Eh là, eh là !

Argan
Elle est la cause de toute la bile que je fais.

Béline
Ne vous fâchez point tant.

Argan
Et il y a je ne sais combien que je vous dis de me la chasser.

Béline
Mon Dieu ! mon fils, il n'y a point de serviteurs et de servantes qui n'ayent leurs défauts. On est contraint parfois de souffrir leurs mauvaises qualités à cause des bonnes. Celle-ci est adroite, soigneuse, diligente, et surtout fidèle, et vous savez qu'il faut maintenant de grandes précautions pour les gens que l'on prend. Holà ! Toinette.

Toinette
Madame.
Béline
Pourquoi donc est-ce que vous mettez mon mari en colère ?

Toinette, d'un ton doucereux.
Moi, Madame, hélas ! Je ne sais pas ce que vous me voulez dire, et je ne songe qu'à complaire à Monsieur en toutes choses.

Argan
Ah ! la traîtresse !

Toinette
Il nous a dit qu'il vouloit donner sa fille en mariage au fils de Monsieur Diafoirus ; je lui ai répondu que je trouvois le parti avantageux pour elle ; mais que je croyois qu'il feroit mieux de la mettre dans un convent.

Béline
Il n'y a pas grand mal à cela, et je trouve qu'elle a raison.

Argan
Ah ! mamour, vous la croyez. C'est une scélérate : elle m'a dit cent insolences.

Béline
Hé bien ! je vous crois, mon ami. Là, remettez-vous. Ecoutez Toinette, si vous fâchez jamais mon mari, je vous mettrai dehors. Çà, donnez-moi son manteau fourré et des oreillers, que je l'accommode dans sa chaise. Vous voilà je ne sais comment. Enfoncez bien votre bonnet jusque sur vos oreilles : il n'y a rien qui enrhume tant que de prendre l'air par les oreilles.

Argan
Ah ! mamie, que je vous suis obligé de tous les soins que vous prenez de moi !

Béline, accommodant les oreillers qu'elle met autour d'Argan.
Levez-vous, que je mette ceci sous vous. Mettons celui-ci pour vous appuyer, et celui-là de l'autre côté. Mettons celui-ci derrière votre dos, et cet autre-là pour soutenir votre tête.

Toinette, lui mettant rudement un oreiller sur la tête, et puis fuyant.
Et celui-ci pour vous garder du serein.

Argan, se lève en colère, et jette tous les oreillers à Toinette.

Ah ! coquine, tu veux m'étouffer.

Béline
Eh là, eh là ! Qu'est-ce que c'est donc ?

Argan, tout essoufflé, se jette dans sa chaise.
Ah, ah, ah ! je n'en puis plus.

Béline
Pourquoi vous emporter ainsi ? Elle a cru faire bien.

Argan
Vous ne connoissez pas, mamour, la malice de la pendarde. Ah ! elle m'a mis tout hors de moi ; et il faudra plus de huit médecines, et de douze lavements, pour réparer tout ceci.

Béline
Là, là, mon petit ami, apaisez-vous un peu.

Argan
Mamie, vous êtes toute ma consolation.

Béline
Pauvre petit fils.

Argan
Pour tâcher de reconnoître l'amour que vous me portez, je veux, mon coeur, comme je vous ai dit, faire mon testament.

Béline
Ah ! mon ami, ne parlons point de cela, je vous prie : je ne saurois souffrir cette pensée ; et le seul mot de testament me fait tressaillir de douleur.

Argan
Je vous avois dit de parler pour cela à votre notaire.

Béline

Le voilà là-dedans, que j'ai amené avec moi.

Argan
Faites-le donc entrer, mamour.

Béline
Hélas ! mon ami, quand on aime bien un mari, on n'est guère en état de songer à tout cela.
Scène VII

Le Notaire, Béline, Argan

Argan
Approchez, Monsieur de Bonnefoy, approchez. Prenez un siége, s'il vous plaît. Ma femme m'a dit, Monsieur, que vous étiez fort honnête homme, et tout à fait de ses amis ; et je l'ai chargée de vous parler pour un testament que je veux faire.

Béline
Hélas ! je ne suis point capable de parler de ces choses-là.

Le Notaire
Elle m'a, Monsieur, expliqué vos intentions, et le dessein où vous êtes pour elle ; et j'ai à vous dire là-dessus que vous ne sauriez rien donner à votre femme par votre testament.

Argan
Mais pourquoi ?

Le Notaire
La Coutume y résiste. Si vous étiez en pays de droit écrit, cela se pourroit faire ; mais, à Paris, et dans les pays coutumiers, au moins dans la plupart, c'est ce qui ne se peut, et la disposition seroit nulle. Tout l'avantage qu'homme et femme conjoints par mariage se peuvent faire l'un à l'autre, c'est un don mutuel entre-vifs ; encore faut-il qu'il n'y ait enfants, soit des

deux conjoints, ou de l'un d'eux, lors du décès du premier mourant.

Argan
Voilà une Coutume bien impertinente, qu'un mari ne puisse rien laisser à une femme dont il est aimé tendrement, et qui prend de lui tant de soin. J'aurois envie de consulter mon avocat, pour voir comment je pourrois faire.

Le Notaire
Ce n'est point à des avocats qu'il faut aller, car ils sont d'ordinaire sévères là-dessus, et s'imaginent que c'est un grand crime que de disposer en fraude de la loi. Ce sont gens de difficultés, et qui sont ignorants des détours de la conscience. Il y a d'autres personnes à consulter, qui sont bien plus accommodantes, qui ont des expédients pour passer doucement par-dessus la loi, et rendre juste ce qui n'est pas permis ; qui savent aplanir les difficultés d'une affaire, et trouver des moyens d'éluder la Coutume par quelque avantage indirect. Sans cela, où en serions-nous tous les jours ? Il faut de la facilité dans les choses ; autrement nous ne ferions rien, et je ne donnerois pas un sou de notre métier.

Argan
Ma femme m'avoit bien dit, Monsieur, que vous étiez fort habile, et fort honnête homme. Comment puis-je faire, s'il vous plaît, pour lui donner mon bien, et en frustrer mes enfants ?

Le Notaire
Comment vous pouvez faire ? Vous pouvez choisir doucement un ami intime de votre femme, auquel vous donnerez en bonne forme par votre testament tout ce que vous pouvez ; et cet ami ensuite lui rendra tout. Vous pouvez encore contracter un grand nombre d'obligations, non suspectes, au profit de divers créanciers, qui prêteront leur nom à votre femme, et entre les mains de laquelle ils mettront leur déclaration que ce qu'ils en ont fait n'a été que pour lui faire plaisir. Vous pouvez aussi, pendant que vous êtes en vie, mettre entre ses mains de l'argent comptant, ou des billets que vous pourrez avoir, payables au porteur.

Béline
Mon Dieu ! il ne faut point vous tourmenter de tout cela. S'il vient faute de vous, mon fils, je ne veux plus rester au monde.

Argan
Mamie !

Béline
Oui, mon ami, si je suis assez malheureuse pour vous perdre...

Argan
Ma chère femme !

Béline
La vie ne me sera plus de rien.
Argan
Mamour !

Béline
Et je suivrai vos pas, pour vous faire connoître la tendresse que j'ai pour vous.

Argan
Mamie, vous me fendez le coeur. Consolez-vous, je vous en prie.

Le Notaire
Ces larmes sont hors de saison, et les choses n'en sont point encore là.

Béline
Ah ! Monsieur, vous ne savez pas ce que c'est qu'un mari qu'on aime tendrement.

Argan
Tout le regret que j'aurai, si je meurs, mamie, c'est de n'avoir point un enfant de vous. Monsieur Purgon m'avoit dit qu'il m'en feroit faire un.

Le Notaire
Cela pourra venir encore.

Argan
Il faut faire mon testament, mamour, de la façon que Monsieur dit ; mais, par précaution, je veux vous mettre entre les mains vingt mille francs en or, que j'ai dans le lambris de mon alcôve, et deux billets payables au porteur, qui me sont dus, l'un par Monsieur Damon, et l'autre par Monsieur Gérante.

Béline
Non, non, je ne veux point de tout cela. Ah ! combien dites-vous qu'il y a dans votre alcôve ?

Argan
Vingt mille francs, mamour.

Béline
Ne me parlez point de bien, je vous prie. Ah ! de combien sont les deux billets ?

Argan
Ils sont, mamie, l'un de quatre mille francs, et l'autre de six.

Béline
Tous les biens du monde, mon ami, ne me sont rien au prix de vous.

Le Notaire
Voulez-vous que nous procédions au testament ?

Argan
Oui, Monsieur ; mais nous serons mieux dans mon petit cabinet. Mamour, conduisez-moi, je vous prie.

Béline
Allons, mon pauvre petit fils.

Scène VIII

Angélique, Toinette

Toinette
Les voilà avec un notaire, et j'ai ouï parler de testament. Votre belle-mère ne s'endort point, et c'est sans doute quelque conspiration contre vos intérêts où elle pousse votre père.

Angélique
Qu'il dispose de son bien à sa fantaisie, pourvu qu'il ne dispose point de mon coeur. Tu vois, Toinette, les desseins violents que l'on fait sur lui. Ne m'abandonne point, je te prie, dans l'extrémité où je suis.

Toinette
Moi, vous abandonner ? j'aimerois mieux mourir. Votre belle-mère a beau me faire sa confidente, et me vouloir jeter dans ses intérêts, je n'ai jamais pu avoir d'inclination pour elle, et j'ai toujours été de votre parti. Laissez-moi faire : j'emploierai toute chose pour vous servir ; mais pour vous servir avec plus d'effet, je veux changer de batterie, couvrir le zèle que j'ai pour vous, et feindre d'entrer dans les sentiments de votre père et de votre belle-mère.

Angélique
Tâche, je t'en conjure, de faire donner avis à Cléante du mariage qu'on a conclu.

Toinette
Je n'ai personne à employer à cet office, que le vieux usurier Polichinelle, mon amant, et il m'en coûtera pour cela quelques paroles de douceur, que je veux bien dépenser pour vous. Pour aujourd'hui il est trop tard ; mais demain, du grand matin, je l'enverrai querir, et il sera ravi de...

Béline
Toinette.

Toinette

Voilà qu'on m'appelle. Bonsoir. Reposez-vous sur moi.

Premier intermède

Polichinelle...

Polichinelle, dans la nuit, vient pour donner une sérénade à sa maîtresse. Il est interrompu d'abord par des violons, contre lesquels il se met en colère, et ensuite par le Guet, composé de musiciens et de danseurs.

Polichinelle
O amour, amour, amour, amour ! Pauvre Polichinelle, quelle diable de fantaisie t'es-tu allé mettre dans la cervelle ? A quoi t'amuses-tu, misérable insensé que tu es ? Tu quittes le soin de ton négoce, et tu laisses aller tes affaires à l'abandon. Tu ne manges plus, tu ne bois presque plus, tu perds le repos de la nuit ; et tout cela pour qui ? Pour une dragonne, franche dragonne, une diablesse qui te rembarre, et se moque de tout ce que tu peux lui dire. Mais il n'y a point à raisonner là-dessus. Tu le veux, amour : il faut être fou comme beaucoup d'autres. Cela n'est pas le mieux du monde à un homme de mon âge ; mais qu'y faire ? On n'est pas sage quand on veut, et les vieilles cervelles se démontent comme les jeunes. Je viens voir si je ne pourrai point adoucir ma tigresse par une sérénade. Il n'y a rien parfois qui soit si touchant qu'un amant qui vient chanter ses doléances aux gonds et aux verrous de la porte de sa maîtresse. Voici de quoi accompagner ma voix. O nuit ! ô chère nuit ! porte mes plaintes amoureuses jusque dans le lit de mon inflexible.
(Il chante ces paroles :)
Notte e dì v' amo e v' adoro,
Cerco un sì per mio ristoro ;
Ma se voi dite di no,
Bell' ingrata, io morirò.
Fra la speranza
S' afflige il cuore,
In lontananza

Consuma l' hore ;
Si dolce inganno
Che mi figura
Breve l' affanno
Ahi ! troppo dura !
Cosi per tropp' amar languisco e muoro.
Notte e dì v' amo e v'adoro,
Cerco un sì per mio ristoro ;
Ma se voi dite di no,
Bell' ingrata, io morirò.
Se non dormite,
Almen pensate
Alle ferite
Ch' al cuor mi fate ;
Deh ! almen fingete,
Per mio conforto,
Se m' uccidete,
D' haver il torto :
Vostra pietà mi scemerà il martoro.
Notte e dì v' amo e v' adoro,
Cerco un si per mio ristoro,
Ma se voi dite di no,
Bell' ingrata, io morirò.
Une vieille se présente à la fenêtre, et répond au seignor Polichinelle en se moquant de lui.
Zerbinetti, ch' ogn' hor con finti sguardi,
Mentiti desiri,
Fallaci sospiri,
Accenti buggiardi,
Di fede vi preggiate,
Ah ! che non m' ingannate,
Che già so per prova
Ch' in voi non si trova
Constanza ne fede :
Oh ! quanto è pazza colei che vi crede !

Quei sguardi languidi
Non m' innamorano,
Quei sospir fervidi
Più non m' infiammano,
Vel giuro a fè.
Zerbino misero,
Del vostro piangere
Il mio cor libero
Vuol sempre ridere,
Credet' a me :
Che già so per prova
Ch' in voi non si trova
Constanza ne fede :
Oh ! quanto è pazza colei che vi crede !
Violons

Polichinelle
Quelle impertinente harmonie vient interrompre ici ma voix ?

Violons

Polichinelle
Paix là, taisez-vous, violons. Laissez-moi me plaindre à mon aise des cruautés de mon inexorable.

Violons

Polichinelle
Taisez-vous vous dis-je. C'est moi qui veux chanter.

Violons

Polichinelle
Paix donc !

Violons

Polichinelle
Ouais !

Violons
Polichinelle
Ahi !

Violons

Polichinelle
Est-ce pour rire ?

Violons

Polichinelle
Ah ! que de bruit !

Violons

Polichinelle
Le diable vous emporte !

Violons

Polichinelle
J'enrage.

Violons

Polichinelle
Vous ne vous tairez pas ? Ah, Dieu soit loué !

Violons

Polichinelle
Encore ?

Violons

Polichinelle
Peste des violons !

Violons

Polichinelle
La sotte musique que voilà !

Violons

Polichinelle
La, la, la, la, la, la.

Violons

Polichinelle
La, la, la, la, la, la.

Violons

Polichinelle
La, la, la, la, la, la, la, la.

Violons
Polichinelle
La, la, la, la, la.

Violons

Polichinelle

La, la, la, la, la, la.

Violons

Polichinelle, avec un luth, dont il ne joue que des lèvres et de la langue, en disant : plin pan plan, etc.
Par ma foi ! cela me divertit. Poursuivez, Messieurs les Violons, vous me ferez plaisir. Allons donc, continuez. Je vous en prie. Voilà le moyen de les faire taire. La musique est accoutumée à ne point faire ce qu'on veut. Ho sus, à nous ! Avant que de chanter, il faut que je prélude un peu, et joue quelque pièce, afin de mieux prendre mon ton. Plan, plan, plan. Plin, plin, plin. Voilà un temps fâcheux pour mettre un luth d'accord, Plin, plin, plin. Plin tan plan. Plin, plin. Les cordes ne tiennent point par ce temps-là. Plin, plan. J'entends du bruit, mettons mon luth contre la porte.

Archers, passans dans la rue, accourent au bruit qu'ils entendent et demandent :
Qui va là, qui va là ?
Polichinelle, tout bas :
Qui diable est cela ? Est-ce que c'est la mode de parler en musique ?

Archers
Qui va là, qui va là, qui va là ?

Polichinelle, épouvanté.
Moi, moi, moi.

Archers
Qui va là, qui va là ? vous dis-je.

Polichinelle
Moi, moi, vous dis-je.

Archers
Et qui toi ? et qui toi ?

Polichinelle
Moi, moi, moi, moi, moi, moi.

Archers
Dis ton nom, dis ton nom, sans davantage attendre.

Polichinelle, feignant d'être bien hardi.
Mon nom est : "Va te faire pendre."
Archers
Ici, camarades, ici.
Saisissons l'insolent qui nous répond ainsi.

Entrée de Ballet
Tout le Guet vient, qui cherche Polichinelle dans la nuit.

Violons et Danseurs

Polichinelle
Qui va là ?

Violons et Danseurs

Polichinelle
Qui sont les coquins que j'entends ?

Violons et Danseurs

Polichinelle
Euh ?

Violons et Danseurs

Polichinelle
Holà, mes laquais, mes gens !

Violons et Danseurs
Polichinelle
Par la mort !

Violons et Danseurs

Polichinelle
Par la sang !

Violons et Danseurs

Polichinelle
J'en jetterai par terre.

Violons et Danseurs

Polichinelle
Champagne, Poitevin, Picard, Basque, Breton !

Violons et Danseurs

Polichinelle
Donnez-moi mon mousqueton.

Violons et Danseurs

Polichinelle tire un coup de pistolet
Poue.
(Ils tombent tous et s'enfuient.)
Polichinelle, en se moquant.
Ah, ah, ah, ah, comme je leur ai donné l'épouvante ! Voilà de sottes gens d'avoir peur de moi, qui ai peur des autres. Ma foi ! il n'est que de jouer d'adresse en ce monde. Si je n'avois tranché du grand seigneur, et n'avois fait le brave, ils n'auroient pas manqué de me happer. Ah, ah, ah.

(Les archers se rapprochent, et ayant entendu ce qu'il disoit, ils le saisissent au collet.)

Archers
Nous le tenons. A nous, camarades, à nous,
Dépêchez, de la lumière.

Ballet
Tout le Guet vient avec des lanternes.

Archers
Ah, traître ! ah, fripon ! c'est donc vous ?
Faquin, maraud, pendard, impudent, téméraire,
Insolent, effronté, coquin, filou, voleur,
Vous osez nous faire peur ?

Polichinelle
Messieurs, c'est que j'étois ivre.

Archers
Non, non, non, point de raison ;
Il faut vous apprendre à vivre.
En prison, vite, en prison.
Polichinelle
Messieurs, je ne suis point voleur.

Archers
En prison.

Polichinelle
Je suis un bourgeois de la ville.

Archers
En prison.

Polichinelle
Qu'ai-je fait ?

Archers
En prison, vite, en prison.

Polichinelle
Messieurs, laissez-moi aller.

Archers
Non.

Polichinelle
Je vous prie.

Archers
Non.
Polichinelle
Eh !

Archers
Non.

Polichinelle
De grâce.

Archers
Non, non.

Polichinelle
Messieurs.

Archers
Non, non, non.

Polichinelle
S'il vous plaît.

Archers
Non, non.

Polichinelle
Par charité.

Archers
Non, non.

Polichinelle
Au nom du Ciel !

Archers
Non, non.

Polichinelle
Miséricorde !

Archers
Non, non, non, point de raison ;
Il faut vous apprendre à vivre.
En prison vite, en prison.

Polichinelle
Eh ! n'est-il rien, Messieurs, qui soit capable d'attendrir vos âmes ?

Archers
Il est aisé de nous toucher,
Et nous sommes humains plus qu'on ne sauroit croire ;
Donnez-nous doucement six pistoles pour boire,
Nous allons vous lâcher.

Polichinelle

Hélas ! Messieurs, je vous assure que je n'ai pas un sou sur moi.
Archers
Au défaut de six pistoles,
Choisissez donc sans façon.
D'avoir trente croquignoles,
Ou douze coups de bâton.

Polichinelle
Si c'est une nécessité, et qu'il faille en passer par là, je choisis les croquignoles.

Archers
Allons, préparez-vous,
Et comptez bien les coups.

Ballet
Archers danseurs lui donnent des croquignoles en cadence.

Polichinelle
Un et deux, trois et quatre, cinq et six, sept et huit, neuf et dix, onze et douze, et treize, et quatorze, et quinze.

Archers
Ah, ah, vous en voulez passer :
Allons, c'est à recommencer.

Polichinelle
Ah ! Messieurs, ma pauvre tête n'en peut plus, et vous venez de me la rendre comme une pomme cuite. J'aime mieux encore les coups de bâton que de recommencer.
Archers
Soit ! puisque le bâton est pour vous plus charmant,
Vous aurez contentement.

Ballet

Les Archers danseurs lui donnent des coups de bâton en cadence.

Polichinelle
Un, deux, trois, quatre, cinq, six, ah, ah, ah, je n'y saurois plus résister.
Tenez, Messieurs, voilà six pistoles que je vous donne.

Archers
Ah, l'honnête homme ! Ah, l'âme noble et belle !
Adieu, seigneur, adieu, seigneur Polichinelle.

Polichinelle
Messieurs, je vous donne le bonsoir.

Archers
Adieu, seigneur, adieu, seigneur Polichinelle.

Polichinelle
Votre serviteur.

Archers
Adieu, seigneur, adieu, seigneur Polichinelle.
Polichinelle
Très-humble valet.

Archers
Adieu, seigneur, adieu, seigneur Polichinelle.

Polichinelle
Jusqu'au revoir.

Ballet
Ils dansent tous, en réjouissance de l'argent qu'ils ont reçu. Le théâtre change et représente la même chambre.

Acte II

Scène I

Toinette, Cléante

Toinette
Que demandez-vous, Monsieur ?

Cléante
Ce que je demande ?

Toinette
Ah, ah, c'est vous ? Quelle surprise ! Que venez-vous faire céans ?

Cléante
Savoir ma destinée, parler à l'aimable Angélique, consulter les sentiments de son coeur, et lui demander ses résolutions sur ce mariage fatal dont on m'a averti.

Toinette
Oui, mais on ne parle pas comme cela de but en blanc à Angélique : il faut des mystères, et l'on vous a dit l'étroite garde où elle est retenue, qu'on ne la laisse ni sortir, ni parler à personne, et que ce ne fut que la curiosité d'une vieille tante qui nous fit accorder la liberté d'aller à cette comédie qui donna lieu à la naissance de votre passion ; et nous nous sommes bien gardées de parler de cette aventure.
Cléante
Aussi ne viens-je pas ici comme Cléante et sous l'apparence de son amant, mais comme ami de son maître de musique, dont j'ai obtenu le pouvoir de dire qu'il m'envoie à sa place.

Toinette
Voici son père. Retirez-vous un peu, et me laissez lui dire que vous êtes là.
Scène II

Argan, Toinette, Cléante

Argan
Monsieur Purgon m'a dit de me promener le matin dans ma chambre, douze allées, et douze venues ; mais j'ai oublié à lui demander si c'est en long, ou en large.

Toinette
Monsieur, voilà un...

Argan
Parle bas, pendarde : tu viens m'ébranler tout le cerveau, et tu ne songes pas qu'il ne faut point parler si haut à des malades.

Toinette
Je voulois vous dire, Monsieur...

Argan
Parle bas, te dis-je.

Toinette
Monsieur...
(Elle fait semblant de parler.)
Argan
Eh ?

Toinette
Je vous dis que...
(Elle fait semblant de parler.)

Argan
Qu'est-ce que tu dis ?

Toinette, haut.
Je dis que voilà un homme qui veut parler à vous.

Argan
Qu'il vienne.
(Toinette fait signe à Cléante d'avancer.)

Cléante
Monsieur...

Toinette, raillant.
Ne parlez pas si haut, de peur d'ébranler le cerveau de Monsieur.

Cléante
Monsieur, je suis ravi de vous trouver debout et de voir que vous vous portez mieux.
Toinette, feignant d'être en colère.
Comment "qu'il se porte mieux" ? Cela est faux : Monsieur se porte toujours mal.

Cléante
J'ai ouï dire que Monsieur étoit mieux, et je lui trouve bon visage.

Toinette
Que voulez-vous dire avec votre bon visage ? Monsieur l'a fort mauvais, et ce sont des impertinents qui vous ont dit qu'il étoit mieux. Il ne s'est jamais si mal porté.

Argan
Elle a raison.

Toinette

Il marche, dort, mange, et boit tout comme les autres ; mais cela n'empêche pas qu'il ne soit fort malade.

Argan
Cela est vrai.

Cléante
Monsieur, j'en suis au désespoir. Je viens de la part du maître à chanter de Mademoiselle votre fille. Il s'est vu obligé d'aller à la campagne pour quelques jours ; et comme son ami intime, il m'envoie à sa place, pour lui continuer ses leçons, de peur qu'en les interrompant elle ne vînt à oublier ce qu'elle sait déjà.

Argan
Fort bien. Appelez Angélique.

Toinette
Je crois, Monsieur, qu'il sera mieux de mener Monsieur à sa chambre.

Argan
Non ; faites-la venir.

Toinette
Il ne pourra lui donner leçon comme il faut, s'ils ne sont en particulier.

Argan
Si fait, si fait.

Toinette
Monsieur, cela ne fera que vous étourdir, et il ne faut rien pour vous émouvoir en l'état où vous êtes, et vous ébranler le cerveau.

Argan
Point, point : j'aime la musique, et je serai bien aise de... Ah ! la voici. Allez-vous-en voir, vous, si ma femme est habillée.

Scène III

Argan, Angélique, Cléante

Argan
Venez, ma fille : votre maître de musique est allé aux champs, et voilà une personne qu'il envoie à sa place pour vous montrer.

Angélique
Ah, Ciel !

Argan
Qu'est-ce ? d'où vient cette surprise ?

Angélique
C'est...

Argan
Quoi ? qui vous émeut de la sorte ?

Angélique
C'est, mon père, une aventure surprenante qui se rencontre ici.

Argan
Comment ?
Angélique
J'ai songé cette nuit que j'étois dans le plus grand embarras du monde, et qu'une personne faite tout comme Monsieur s'est présentée à moi, à qui j'ai demandé secours, et qui m'est venue tirer de la peine où j'étois ; et ma surprise a été grande de voir inopinément, en arrivant ici, ce que j'ai eu dans l'idée toute la nuit.

Cléante
Ce n'est pas être malheureux que d'occuper votre pensée, soit en dormant, soit en veillant, et mon bonheur seroit grand sans doute si vous étiez dans quelque peine dont vous me jugeassiez digne de vous tirer ; et il n'y a rien

que je ne fisse pour...
Scène IV

Toinette, Cléante, Angélique, Argan

Toinette, par dérision.
Ma foi, Monsieur, je suis pour vous maintenant, et je me dédis de tout ce que je disois hier. Voici Monsieur Diafoirus le père, et Monsieur Diafoirus le fils, qui viennent vous rendre visite. Que vous serez bien engendré ! Vous allez voir le garçon le mieux fait du monde, et le plus spirituel. Il n'a dit que deux mots, qui m'ont ravie, et votre fille va être charmée de lui.

Argan, à Cléante, qui feint de vouloir s'en aller.
Ne vous en allez point, Monsieur. C'est que je marie ma fille ; et voilà qu'on lui amène son prétendu mari, qu'elle n'a point encore vu.

Cléante
C'est m'honorer beaucoup, Monsieur, de vouloir que je sois témoin d'une entrevue si agréable.

Argan
C'est le fils d'un habile médecin, et le mariage se fera dans quatre jours.

Cléante
Fort bien.
Argan
Mandez-le un peu à son maître de musique, afin qu'il se trouve à la noce.

Cléante
Je n'y manquerai pas.

Argan
Je vous y prie aussi.

Cléante

Vous me faites beaucoup d'honneur.

Toinette
Allons, qu'on se range, les voici.
Scène V

Monsieur Diafoirus, Thomas Diafoirus, Argan, Angélique, Cléante, Toinette

Argan, mettant la main à son bonnet sans l'ôter.
Monsieur Purgon, Monsieur, m'a défendu de découvrir ma tête. Vous êtes du métier, vous savez les conséquences.

Monsieur Diafoirus
Nous sommes dans toutes nos visites pour porter secours aux malades, et non pour leur porter de l'incommodité.

Argan
Je reçois, Monsieur...
(Ils parlent tous deux en même temps, s'interrompent et confondent.)

Monsieur Diafoirus
Nous venons ici, Monsieur...

Argan
Avec beaucoup de joie...

Monsieur Diafoirus
Mon fils Thomas, et moi...
Argan
L'honneur que vous me faites...

Monsieur Diafoirus
Vous témoigner, Monsieur...

Argan
Et j'aurois souhaité...

Monsieur Diafoirus
Le ravissement où nous sommes...

Argan
De pouvoir aller chez vous...

Monsieur Diafoirus
De la grâce que vous nous faites...

Argan
Pour vous en assurer...

Monsieur Diafoirus
De vouloir bien nous recevoir...

Argan
Mais vous savez, Monsieur...

Monsieur Diafoirus
Dans l'honneur, Monsieur...
Argan
Ce que c'est qu'un pauvre malade...

Monsieur Diafoirus
De votre alliance...

Argan
Qui ne peut faire autre chose...

Monsieur Diafoirus
Et vous assurer...

Argan
Que de vous dire ici...

Monsieur Diafoirus
Que dans les choses qui dépendront de notre métier...

Argan
Qu'il cherchera toutes les occasions...

Monsieur Diafoirus
De même qu'en toute autre...

Argan
De vous faire connoître, Monsieur...

Monsieur Diafoirus
Nous serons toujours prêts, Monsieur...
Argan
Qu'il est tout à votre service...

Monsieur Diafoirus
A vous témoigner notre zèle. (Il se retourne vers son fils et lui dit.) Allons, Thomas, avancez. Faites vos compliments.
Thomas Diafoirus est un grand benêt, nouvellement sorti des Ecoles, qui fait toutes choses de mauvaise grâce et à contre-temps. N'est-ce pas par le père qu'il convient commencer ?

Monsieur Diafoirus
Oui.

Thomas Diafoirus
Monsieur, je viens saluer, reconnoître, chérir, et révérer en vous un second père ; mais un second père auquel j'ose dire que je me trouve plus redevable qu'au premier. Le premier m'a engendré ; mais vous m'avez choisi. Il m'a reçu par nécessité ; mais vous m'avez accepté par grâce. Ce que je tiens de

lui est un ouvrage de soncorps ; mais ce que je tiens de vous est un ouvrage de votre volonté ; et d'autant plus que les facultésspirituelles sont au-dessus des corporelles, d'autant plus je vous dois, et d'autant plus je tiens précieuse cettefuture filiation, dont je viens aujourd'hui vous rendre par avance les très-humbles et très-respectueux hommages.
Toinette
Vivent les collèges, d'où l'on sort si habile homme !

Thomas Diafoirus
Cela a-t-il bien été, mon père ?

Monsieur Diafoirus
Optime.

Argan, à Angélique.
Allons, saluez Monsieur.

Thomas Diafoirus
Baiserai-je ?

Monsieur Diafoirus
Oui, oui.

Thomas Diafoirus, à Angélique.
Madame, c'est avec justice que le Ciel vous a concédé le nom de belle-mère, puisque l'on...

Argan
Ce n'est pas ma femme, c'est ma fille à qui vous parlez.

Thomas Diafoirus
Où donc est-elle ?
Argan
Elle va venir.

Thomas Diafoirus
Attendrai-je, mon père, qu'elle soit venue ?

Monsieur Diafoirus
Faites toujours le compliment de Mademoiselle.

Thomas Diafoirus
Mademoiselle, ne plus ne moins que la statue de Memnon rendoit un son harmonieux, lorsqu'elle venoit à être éclairée des rayons du soleil : tout de même me sens-je animé d'un doux transport à l'apparition du soleil de vos beautés. Et comme les naturalistes remarquent que la fleur nommée héliotrope tourne sans cesse vers cet astre du jour, aussi mon coeur dores-en-avant tournera-t-il toujours vers les astres resplendissants de vos yeux adorables, ainsi que vers son pôle unique. Souffrez donc, Mademoiselle, que j'appende aujourd'hui à l'autel de vos charmes l'offrande de ce coeur, qui ne respire et n'ambitionne autre gloire, que d'être toute sa vie, Mademoiselle, votre très-humble, très-obéissant, et très-fidèle serviteur et mari.

Toinette, en le raillant.
Voilà ce que c'est que d'étudier, on apprend à dire de belles choses.
Argan
Eh ! que dites-vous de cela ?

Cléante
Que Monsieur fait merveilles, et que s'il est aussi bon médecin qu'il est bon orateur, il y aura plaisir à être de ses malades.

Toinette
Assurément. Ce sera quelque chose d'admirable s'il fait d'aussi belles cures qu'il fait de beaux discours.

Argan
Allons vite ma chaise, et des siéges à tout le monde. Mettez-vous là, ma fille. Vous voyez, Monsieur, que tout le monde admire Monsieur votre fils,

et je vous trouve bien heureux de vous voir un garçon comme cela.

Monsieur Diafoirus
Monsieur, ce n'est pas parce que je suis son père, mais je puis dire que j'ai sujet d'être content de lui, et que tous ceux qui le voient en parlent comme d'un garçon qui n'a point de méchanceté. Il n'a jamais eu l'imagination bien vive, ni ce feu d'esprit qu'on remarque dans quelques-uns ; mais c'est par là que j'ai toujours bien auguré de sa judiciaire, qualité requise pour l'exercice de notre art. Lorsqu'il étoit petit, il n'a jamais été ce qu'on appelle mièvre et éveillé. On le voyoit toujours doux, paisible, et taciturne, ne disant jamais mot, et ne jouant jamais à tous ces petits jeux que l'on nomme enfantins. On eut toutes les peines du monde à lui apprendre à lire, et il avoit neuf ans, qu'il ne connoissoit pas encore ses lettres. "Bon, disois-je en moi-même, les arbres tardifs sont ceux qui portent les meilleurs fruits ; on grave sur le marbre bien plus malaisément que sur le sable ; mais les choses y sont conservées bien plus longtemps, et cette lenteur à comprendre, cette pesanteur d'imagination, est la marque d'un bon jugement à venir." Lorsque je l'envoyai au collège, il trouva de la peine ; mais il se roidissoit contre les difficultés, et ses régents se louoient toujours à moi de son assiduité, et de son travail. Enfin, à force de battre le fer, il en est venu glorieusement à avoir ses licences ; et je puis dire sans vanité que depuis deux ans qu'il est sur les bancs, il n'y a point de candidat qui ait fait plus de bruit que lui dans toutes les disputes de notre Ecole. Il s'y est rendu redoutable, et il ne s'y passe point d'acte où il n'aille argumenter à outrance pour la proposition contraire. Il est ferme dans la dispute, fort comme un Turc sur ses principes, ne démord jamais de son opinion, et poursuit un raisonnement jusque dans les derniers recoins de la logique. Mais sur toute chose ce qui me plaît en lui, et en quoi il suit mon exemple, c'est qu'il s'attache aveuglément aux opinions de nos anciens, et que jamais il n'a voulu comprendre ni écouter les raisons et les expériences des prétendues découvertes de notre siècle, touchant la circulation du sang, et autres opinions de même farine.
Thomas Diafoirus. Il tire une grande thèse roulée de sa poche, qu'il présente à Angélique.
J'ai contre les circulateurs soutenu une thèse, qu'avec la permission de

Monsieur, j'ose présenter à Mademoiselle, comme un hommage que je lui dois des prémices de mon esprit.

Angélique
Monsieur, c'est pour moi un meuble inutile, et je ne me connois pas à ces choses-là.

Toinette
Donnez, donnez, elle est toujours bonne à prendre pour l'image ; cela servira à parer notre chambre.

Thomas Diafoirus
Avec la permission aussi de Monsieur, je vous invite à venir voir l'un de ces jours, pour vous divertir, la dissection d'une femme, sur quoi je dois raisonner.

Toinette
Le divertissement sera agréable. Il y en a qui donnent la comédie à leurs maîtresses ; mais donner une dissection est quelque chose de plus galand.

Monsieur Diafoirus
Au reste, pour ce qui est des qualités requises pour le mariage et la propagation, je vous assure que, selon les règles de nos docteurs, il est tel qu'on le peut souhaiter, qu'il possède en un degré louable la vertu prolifique et qu'il est du tempérament qu'il faut pour engendrer et procréer des enfants bien conditionnés.

Argan
N'est-ce pas votre intention, Monsieur, de le pousser à la cour, et d'y ménager pour lui une charge de médecin ?

Monsieur Diafoirus
A vous en parler franchement, notre métier auprès des grands ne m'a jamais paru agréable, et j'ai toujours trouvé qu'il valoit mieux, pour nous autres, demeurer au public. Le public est commode. Vous n'avez à

répondre de vos actions à personne ; et pourvu que l'on suive le courant des règles de l'art, on ne se met point en peine de tout ce qui peut arriver. Mais ce qu'il y a de fâcheux auprès des grands, c'est que, quand ils viennent à être malades, ils veulent absolument que leurs médecins les guérissent.

Toinette
Cela est plaisant, et ils sont bien impertinents de vouloir que vous autres Messieurs vous les guérissiez : vous n'êtes point auprès d'eux pour cela ; vous n'y êtes que pour recevoir vos pensions, et leur ordonner des remèdes ; c'est à eux à guérir s'ils peuvent.

Monsieur Diafoirus
Cela est vrai. On n'est obligé qu'à traiter les gens dans les formes.
Argan, à Cléante.
Monsieur, faites un peu chanter ma fille devant la compagnie.

Cléante
J'attendois vos ordres, Monsieur, et il m'est venu en pensée, pour divertir la compagnie, de chanter avec Mademoiselle une scène d'un petit opéra qu'on a fait depuis peu. Tenez, voilà votre partie.

Angélique
Moi ?

Cléante
Ne vous défendez point, s'il vous plaît, et me laissez vous faire comprendre ce que c'est que la scène que nous devons chanter. Je n'ai pas une voix à chanter ; mais il suffit ici que je me fasse entendre, et l'on aura la bonté de m'excuser par la nécessité où je me trouve de faire chanter Mademoiselle.

Argan
Les vers sont-ils beaux ?

Cléante
C'est proprement ici un petit opéra impromptu, et vous n'allez entendre

chanter que de la prose cadencée, ou des manières de vers libres, tels que la passion et la nécessité peuvent faire trouver à deux personnes qui disent les choses d'eux-mêmes, et parlent sur-le-champ.
Argan
Fort bien. Ecoutons.

Cléante sous le nom d'un berger, explique à sa maîtresse son amour depuis leur rencontre, et ensuite ils s'appliquent leurs pensées l'un à l'autre en chantant.

Voici le sujet de la scène. Un Berger étoit attentif aux beautés d'un spectacle, qui ne faisoit que de commencer, lorsqu'il fut tiré de son attention par un bruit qu'il entendit à ses côtés. Il se retourne, et voit un brutal, qui de paroles insolentes maltraitoit une Bergère. D'abord il prend les intérêts d'un sexe à qui tous les hommes doivent hommage ; et après avoir donné au brutal le châtiment de son insolence, il vient à la Bergère, et voit une jeune personne qui, des deux plus beaux yeux qu'il eût jamais vus, versoit des larmes, qu'il trouva les plus belles du monde. "Hélas ! dit-il en lui-même, est-on capable d'outrager une personne si aimable ? Et quel inhumain, quel barbare ne seroit touché par de telles larmes ? " Il prend soin de les arrêter, ces larmes, qu'il trouve si belles ; et l'aimable Bergère prend soin en même temps de le remercier de son léger service, mais d'une manière si charmante, si tendre, et si passionnée, que le Berger n'y peut résister ; et chaque mot, chaque regard, est un trait plein de flamme, dont son coeur se sent pénétré. "Est-il, disoit-il, quelque chose qui puisse mériter les aimables paroles d'un tel remercîment ? Et que ne voudroit-on pas faire, à quels services, à quels dangers, ne seroit-on pas ravi de courir, pour s'attirer un seul moment des touchantes douceurs d'une âme si reconnoissante ? " Tout le spectacle passe sans qu'il y donne aucune attention ; mais il se plaint qu'il est trop court, parce qu'en finissant il le sépare de son adorable Bergère ; et de cette première vue, de ce premier moment, il emporte chez lui tout ce qu'un amour de plusieurs années peut avoir de plus violent. Le voilà aussitôt à sentir tous les maux de l'absence, et il est tourmenté de ne plus voir ce qu'il a si peu vu. Il fait tout ce qu'il peut pour se redonner cette vue, dont il conserve, nuit et jour, une si chère

idée ; mais la grande contrainte où l'on tient sa Bergère lui en ôte tous les moyens. La violence de sa passion le fait résoudre à demander en mariage l'adorable beauté sans laquelle il ne peut plus vivre, et il en obtient d'elle la permission par un billet qu'il a l'adresse de lui faire tenir. Mais dans le même temps on l'avertit que le père de cette belle a conclu son mariage avec un autre, et que tout se dispose pour en célébrer la cérémonie. Jugez quelle atteinte cruelle au coeur de ce triste Berger. Le voilà accablé d'une mortelle douleur. Il ne peut souffrir l'effroyable idée de voir tout ce qu'il aime entre les bras d'un autre ; et son amour au désespoir lui fait trouver moyen de s'introduire dans la maison de sa Bergère, pour apprendre ses sentiments et savoir d'elle la destinée à laquelle il doit se résoudre. Il y rencontre les apprêts de tout ce qu'il craint ; il y voit venir l'indigne rival que le caprice d'un père oppose aux tendresses de son amour. Il le voit triomphant, ce rival ridicule, auprès de l'aimable Bergère, ainsi qu'auprès d'une conquête qui lui est assurée ; et cette vue le remplit d'une colère, dont il a peine à se rendre le maître. Il jette de douloureux regards sur celle qu'il adore ; et son respect, et la présence de son père l'empêchent de lui rien dire que des yeux. Mais enfin il force toute contrainte, et le transport de son amour l'oblige à lui parler ainsi :
(Il chante.)
Belle Philis, c'est trop, c'est trop souffrir ;
Rompons ce dur silence, et m'ouvrez vos pensées.
Apprenez-moi ma destinée :
Faut-il vivre ? Faut-il mourir ?

Angélique répond en chantant :
Vous me voyez, Tircis, triste et mélancolique,
Aux apprêts de l'hymen dont vous vous alarmez :
Je lève au ciel les yeux, je vous regarde, je soupire,
C'est vous en dire assez.

Argan
Ouais ! je ne croyois pas que ma fille fût si habile que de chanter ainsi à livre ouvert, sans hésiter.

Cléante
Hélas ! belle Philis,
Se pourroit–il que l'amoureux Tircis
Eût assez de bonheur,
Pour avoir quelque place dans votre coeur ?

Angélique
Je ne m'en défends point dans cette peine extrême :
Oui, Tircis, je vous aime.

Cléante
O parole pleine d'appas !
Ai–je bien entendu, hélas !
Redites–la, Philis, que je n'en doute pas.

Angélique
Oui, Tircis, je vous aime.

Cléante
De grâce, encor, Philis.

Angélique
Je vous aime.

Cléante
Recommencez cent fois, ne vous en lassez pas.

Angélique
Je vous aime, je vous aime,
Oui, Tircis, je vous aime.

Cléante
Dieux, rois, qui sous vos pieds regardez tout le monde,
Pouvez–vous comparer votre bonheur au mien ?
Mais, Philis, une pensée
Vient troubler ce doux transport :

Un rival, un rival...
Angélique
Ah ! je le hais plus que la mort ;
Et sa présence, ainsi qu'à vous,
M'est un cruel supplice.

Cléante
Mais un père à ses voeux vous veut assujettir.

Angélique
Plutôt, plutôt mourir,
Que de jamais y consentir ;
Plutôt, plutôt mourir, plutôt mourir.

Argan
Et que dit le père à tout cela ?

Cléante
Il ne dit rien.

Argan
Voilà un sot père que ce père-là, de souffrir toutes ces sottises-là sans rien dire.

Cléante
Ah ! mon amour...
Argan
Non, non, en voilà assez. Cette comédie-là est de fort mauvais exemple. Le berger Tircis est un impertinent, et la bergère Philis une impudente, de parler de la sorte devant son père. Montrez-moi ce papier. Ha, ha. Où sont donc les paroles que vous avez dites ? Il n'y a là que de la musique écrite ?

Cléante
Est-ce que vous ne savez pas, Monsieur, qu'on a trouvé depuis peu l'invention d'écrire les paroles avec les notes mêmes ?

Argan
Fort bien. Je suis votre serviteur, Monsieur ; jusqu'au revoir. Nous nous serions bien passés de votre impertinent d'opéra.

Cléante
J'ai cru vous divertir.

Argan
Les sottises ne divertissent point. Ah ! voici ma femme.
Scène VI

Béline, Argan, Toinette, Angélique, Monsieur Diafoirus, Thomas Diafoirus

Argan
Mamour, voilà le fils de Monsieur Diafoirus.

Thomas Diafoirus commence un compliment qu'il avoit étudié, et la mémoire lui manquant, il ne peut le
continuer.
Madame, c'est avec justice que le Ciel vous a concédé le nom de belle-mère, puisque l'on voit sur votre visage...

Béline
Monsieur, je suis ravie d'être venue ici à propos pour avoir l'honneur de vous voir.

Thomas Diafoirus
Puisque l'on voit sur votre visage... puisque l'on voit sur votre visage... Madame, vous m'avez interrompu dans le milieu de ma période, et cela m'a troublé la mémoire.

Monsieur Diafoirus
Thomas, réservez cela pour une autre fois.

Argan
Je voudrois, mamie, que vous eussiez été ici tantôt ;
Toinette
Ah ! Madame, vous avez bien perdu de n'avoir point été au second père, à la statue de Memnon, et à la fleur nommée héliotrope.

Argan
Allons, ma fille, touchez dans la main de Monsieur, et lui donnez votre foi, comme à votre mari.

Angélique
Mon père.

Argan
Hé bien ! "Mon père" ? Qu'est-ce que cela veut dire ?

Angélique
De grâce, ne précipitez pas les choses. Donnez-nous au moins le temps de nous connoître, et de voir naître en nous l'un pour l'autre cette inclination si nécessaire à composer une union parfaite.

Thomas Diafoirus
Quant à moi, Mademoiselle, elle est déjà toute née en moi, et je n'ai pas besoin d'attendre davantage.

Angélique
Si vous êtes si prompt, Monsieur, il n'en est pas de même de moi, et je vous avoue que votre mérite n'a pas encore fait assez d'impression dans mon âme.
Argan
Ho bien, bien ! cela aura tout le loisir de se faire, quand vous serez mariés ensemble.

Angélique
Eh ! mon père, donnez-moi du temps, je vous prie. Le mariage est une

chaîne où l'on ne doit jamais soumettre un coeur par force ; et si Monsieur est honnête homme, il ne doit point vouloir accepter une personne qui seroit à lui par contrainte.

Thomas Diafoirus
Nego consequentiam, Mademoiselle, et je puis être honnête homme et vouloir bien vous accepter des mains de Monsieur votre père.

Angélique
C'est un méchant moyen de se faire aimer de quelqu'un que de lui faire violence.

Thomas Diafoirus
Nous lisons des anciens, Mademoiselle, que leur coutume étoit d'enlever par force de la maison des pères les filles qu'on menoit marier, afin qu'il ne semblât pas que ce fût de leur consentement qu'elles convoloient dans les bras d'un homme.

Angélique
Les anciens, Monsieur, sont les anciens, et nous sommes les gens de maintenant. Les grimaces ne sont point nécessaires dans notre siècle ; et quand un mariage nous plaît, nous savons fort bien y aller, sans qu'on nous y traîne. Donnez-vous patience : si vous m'aimez, Monsieur, vous devez vouloir tout ce que je veux.

Thomas Diafoirus
Oui, Mademoiselle, jusqu'aux intérêts de mon amour exclusivement.

Angélique
Mais la grande marque d'amour, c'est d'être soumis aux volontés de celle qu'on aime.

Thomas Diafoirus
Distinguo, Mademoiselle : dans ce qui ne regarde point sa possession, concedo ; mais dans ce qui la regarde, nego.

Toinette
Vous avez beau raisonner : Monsieur est frais émoulu du collège, et il vous donnera toujours votre reste. Pourquoi tant résister, et refuser la gloire d'être attachée au corps de la Faculté ?

Béline
Elle a peut-être quelque inclination en tête.
Angélique
Si j'en avois, Madame, elle seroit telle que la raison et l'honnêteté pourroient me le permettre.

Argan
Ouais ! je joue ici un plaisant personnage.

Béline
Si j'étois que de vous, mon fils, je ne forcerois point à se marier, et je sais bien ce que je ferois.

Angélique
Je sais, Madame, ce que vous voulez dire, et les bontés que vous avez pour moi ; mais peut-être que vos conseils ne seront pas assez heureux pour être exécutés.

Béline
C'est que les filles bien sages et bien honnêtes, comme vous, se moquent d'être obéissantes, et soumises aux volontés de leurs pères. Cela étoit bon autrefois.

Angélique
Le devoir d'une fille a des bornes, Madame, et la raison et les lois ne l'étendent point à toutes sortes de choses.

Béline
C'est-à-dire que vos pensées ne sont que pour le mariage ; mais vous voulez choisir un époux à votre fantaisie.

Angélique
Si mon père ne veut pas me donner un mari qui me plaise, je le conjurerai au moins de ne me point forcer à en épouser un que je ne puisse pas aimer.

Argan
Messieurs, je vous demande pardon de tout ceci.

Angélique
Chacun a son but en se mariant. Pour moi, qui ne veux un mari que pour l'aimer véritablement, et qui prétends en faire tout l'attachement de ma vie, je vous avoue que j'y cherche quelque précaution. Il y en a d'aucunes qui prennent des maris seulement pour se tirer de la contrainte de leurs parents, et se mettre en état de faire tout ce qu'elles voudront. Il y en a d'autres, Madame, qui font du mariage un commerce de pur intérêt, qui ne se marient que pour gagner des douaires, que pour s'enrichir par la mort de ceux qu'elles épousent, et courent sans scrupule de mari en mari, pour s'approprier leurs dépouilles. Ces personnes-là, à la vérité, n'y cherchent pas tant de façons, et regardent peu la personne.

Béline
Je vous trouve aujourd'hui bien raisonnante, et je voudrois bien savoir ce que vous voulez dire par là.

Angélique
Moi, Madame, que voudrois-je dire que ce que je dis ?

Béline
Vous êtes si sotte, mamie, qu'on ne sauroit plus vous souffrir.

Angélique
Vous voudriez bien, Madame, m'obliger à vous répondre quelque impertinence ; mais je vous avertis que vous n'aurez pas cet avantage.

Béline
Il n'est rien d'égal à votre insolence.

Angélique
Non, Madame, vous avez beau dire.

Béline
Et vous avez un ridicule orgueil, une impertinente présomption qui fait hausser les épaules à tout le monde.

Angélique
Tout cela, Madame, ne servira de rien. Je serai sage en dépit de vous ; et pour vous ôter l'espérance de pouvoir réussir dans ce que vous voulez, je vais m'ôter de votre vue.

Argan
Ecoute, il n'y a point de milieu à cela : choisis d'épouser dans quatre jours, ou Monsieur, ou un convent. Ne vous mettez pas en peine, je la rangerai bien.

Béline
Je suis fâchée de vous quitter, mon fils, mais j'ai une affaire en ville, dont je ne puis me dispenser. Je reviendrai bientôt.

Argan
Allez, mamour, et passez chez votre notaire, afin qu'il expédie ce que vous savez.

Béline
Adieu, mon petit ami.

Argan
Adieu, mamie. Voilà une femme qui m'aime... cela n'est pas croyable.

Monsieur Diafoirus
Nous allons, Monsieur, prendre congé de vous.

Argan
Je vous prie, Monsieur, de me dire un peu comment je suis.

Monsieur Diafoirus, lui tâte le pouls.
Allons, Thomas, prenez l'autre bras de Monsieur, pour voir si vous saurez porter un bon jugement de son pouls. Quid dicis ?

Thomas Diafoirus
Dico que le pouls de Monsieur est le pouls d'un homme qui ne se porte point bien.

Monsieur Diafoirus
Bon.

Thomas Diafoirus
Qu'il est duriuscule, pour ne pas dire dur.

Monsieur Diafoirus
Fort bien.

Thomas Diafoirus
Repoussant.

Monsieur Diafoirus
Bene.

Thomas Diafoirus
Et même un peu caprisant.

Monsieur Diafoirus
Optime.

Thomas Diafoirus
Ce qui marque une intempérie dans le parenchyme splénique, c'est-à-dire la rate.

Monsieur Diafoirus
Fort bien.

Argan
Non : Monsieur Purgon dit que c'est mon foie qui est malade.

Monsieur Diafoirus
Eh ! oui : qui dit parenchyme, dit l'un et l'autre, à cause de l'étroite sympathie qu'ils ont ensemble, par le moyen du vas breve du pylore, et souvent des méats cholidoques. Il vous ordonne sans doute de manger force rôti ?

Argan
Non, rien que du bouilli.

Monsieur Diafoirus
Eh ! oui : rôti, bouilli, même chose. Il vous ordonne fort prudemment, et vous ne pouvez être en de meilleures mains.

Argan
Monsieur, combien est-ce qu'il faut mettre de grains de sel dans un oeuf ?

Monsieur Diafoirus
Six, huit, dix, par les nombres pairs ; comme dans les médicaments, par les nombres impairs.

Argan
Jusqu'au revoir, Monsieur.

Scène VII

Béline, Argan

Béline
Je viens, mon fils, avant que de sortir, vous donner avis d'une chose à laquelle il faut que vous preniez garde. En passant par-devant la chambre d'Angélique, j'ai vu un jeune homme avec elle, qui s'est sauvé d'abord qu'il m'a vue.

Argan
Un jeune homme avec ma fille ?

Béline
Oui. Votre petite fille Louison étoit avec eux, qui pourra vous en dire des nouvelles.

Argan
Envoyez-la ici, mamour, envoyez-la ici. Ah, l'effrontée ! je ne m'étonne plus de sa résistance.
Scène VIII

Louison, Argan

Louison
Qu'est-ce que vous voulez, mon papa ? Ma belle-maman m'a dit que vous me demandez.

Argan
Oui, venez çà, avancez là. Tournez-vous, levez les yeux, regardez-moi. Eh !

Louison
Quoi, mon papa ?

Argan
Là.

Louison
Quoi ?

Argan
N'avez-vous rien à me dire ?

Louison

Je vous dirai, si vous voulez, pour vous désennuyer, le conte de Peau d'âne, ou bien la fable du Corbeau et du Renard, qu'on m'a apprise depuis peu.
Argan
Ce n'est pas là ce que je demande.

Louison
Quoi donc ?

Argan
Ah ! rusée, vous savez bien ce que je veux dire.

Louison
Pardonnez-moi, mon papa.

Argan
Est-ce là comme vous m'obéissez ?

Louison
Quoi ?

Argan
Ne vous ai-je pas recommandé de me venir dire d'abord tout ce que vous voyez ?

Louison
Oui, mon papa.

Argan
L'avez-vous fait ?
Louison
Oui, mon papa. Je vous suis venue dire tout ce que j'ai vu.

Argan
Et n'avez-vous rien vu aujourd'hui ?

Louison
Non, mon papa.

Argan
Non ?

Louison
Non, mon papa.

Argan
Assurément ?

Louison
Assurément.

Argan
Oh çà ! je m'en vais vous faire voir quelque chose, moi.
(Il va prendre une poignée de verges.)

Louison
Ah ! mon papa.

Argan
Ah ! ah ! petite masque, vous ne me dites pas que vous avez vu un homme dans la chambre de votre soeur ?

Louison
Mon papa !

Argan
Voici qui vous apprendra à mentir.

Louison se jette à genoux.
Ah ! mon papa, je vous demande pardon. C'est que ma soeur m'avoit dit de ne pas vous le dire ; mais je m'en vais vous dire tout.

Argan
Il faut premièrement que vous ayez le fouet pour avoir menti. Puis après nous verrons au reste.

Louison
Pardon, mon papa !

Argan
Non, non.

Louison
Mon pauvre papa, ne me donnez pas le fouet !
Argan
Vous l'aurez.

Louison
Au nom de Dieu ! mon papa, que je ne l'aye pas.

Argan, la prenant pour la fouetter.
Allons, allons.

Louison
Ah ! mon papa, vous m'avez blessée. Attendez : je suis morte. (Elle contrefait la morte.)

Argan
Holà ! Qu'est-ce là ? Louison, Louison. Ah, mon Dieu ! Louison. Ah ! ma fille ! Ah ! malheureux, ma pauvre fille est morte. Qu'ai-je fait, misérable ? Ah ! chiennes de verges. La peste soit des verges ! Ah ! ma pauvre fille, ma pauvre petite Louison.

Louison
La, la, mon papa, ne pleurez point tant, je ne suis pas morte tout à fait.

Argan

Voyez-vous la petite rusée ? Oh çà, çà ! je vous pardonne pour cette fois-ci, pourvu que vous me disiez bien tout.

Louison
Ho ! oui, mon papa.

Argan
Prenez-y bien garde au moins, car voilà un petit doigt qui sait tout, qui me dira si vous mentez.

Louison
Mais, mon papa, ne dites pas à ma soeur que je vous l'ai dit.

Argan
Non, non.

Louison
C'est, mon papa, qu'il est venu un homme dans la chambre de ma soeur comme j'y étois.

Argan
Hé bien ?

Louison
Je lui ai demandé ce qu'il demandoit, et il m'a dit qu'il étoit son maître à chanter.

Argan
Hon, hon. Voilà l'affaire. Hé bien ?

Louison
Ma soeur est venue après.
Argan
Hé bien ?

Louison

Elle lui a dit : "Sortez, sortez, sortez, mon Dieu ! sortez ; vous me mettez au désespoir."

Argan
Hé bien ?

Louison
Et lui, il ne vouloit pas sortir.

Argan
Qu'est-ce qu'il lui disoit ?

Louison
Il lui disoit je ne sais combien de choses.

Argan
Et quoi encore ?

Louison
Il lui disoit tout ci, tout ça, qu'il l'aimoit bien, et qu'elle étoit la plus belle du monde.

Argan
Et puis après ?
Louison
Et puis après, il se mettoit à genoux devant elle.

Argan
Et puis après ?

Louison
Et puis après, il lui baisoit les mains.

Argan
Et puis après ?

Louison
Et puis après, ma belle-maman est venue à la porte, et il s'est enfui.

Argan
Il n'y a point autre chose ?

Louison
Non, mon papa.

Argan
Voilà mon petit doigt pourtant qui gronde quelque chose. (Il met son doigt à son oreille.) Attendez. Eh ! ah, ah ! oui ? Oh, oh ! voilà mon petit doigt qui me dit quelque chose que vous avez vu, et que vous ne m'avez pas dit.

Louison
Ah ! mon papa, votre petit doigt est un menteur.

Argan
Prenez garde.

Louison
Non, mon papa, ne le croyez pas, il ment, je vous assure.

Argan
Oh bien, bien ! nous verrons cela. Allez-vous-en, et prenez bien garde à tout : allez. Ah ! il n'y a plus d'enfants. Ah ! que d'affaires ! je n'ai pas seulement le loisir de songer à ma maladie. En vérité, je n'en puis plus.
(Il se remet dans sa chaise.)
Scène IX

Béralde, Argan

Béralde
Hé bien ! mon frère, qu'est-ce ? comment vous portez-vous ?

Argan
Ah ! mon frère, fort mal.

Béralde
Comment "fort mal" ?

Argan
Oui, je suis dans une foiblesse si grande, que cela n'est pas croyable.

Béralde
Voilà qui est fâcheux.

Argan
Je n'ai pas seulement la force de pouvoir parler.

Béralde
J'étois venu ici, mon frère, vous proposer un parti pour ma nièce Angélique.
Argan, parlant avec emportement, et se levant de sa chaise.
Mon frère, ne me parlez point de cette coquine-là. C'est une friponne, une impertinente, une effrontée, que je mettrai dans un convent avant qu'il soit deux jours.

Béralde
Ah ! voilà qui est bien : je suis bien aise que la force vous revienne un peu, et que ma visite vous fasse du bien. Oh çà ! nous parlerons d'affaires tantôt. Je vous amène ici un divertissement, que j'ai rencontré, qui dissipera votre chagrin, et vous rendra l'âme mieux disposée aux choses que nous avons à dire. Ce sont des Egyptiens, vêtus en Mores, qui font des danses mêlées de chansons, où je suis sûr que vous prendrez plaisir ; et cela vaudra bien une ordonnance de Monsieur Purgon. Allons.

Second intermède

Le frère du...

Le frère du Malade imaginaire lui amène, pour le divertir, plusieurs Egyptiens et Egyptiennes, vêtus en Mores, qui font des danses entremêlées de chansons.

Première femme More
Profitez du printemps
De vos beaux ans,
Aimable jeunesse ;
Profitez du printemps
De vos beaux ans,
Donnez-vous à la tendresse.
Les plaisirs les plus charmants,
Sans l'amoureuse flamme,
Pour contenter une âme
N'ont points d'attraits assez puissants.
Profitez du printemps
De vos beaux ans,
Aimable jeunesse ;
Profitez du printemps
De vos beaux ans,
Donnez-vous à la tendresse.
Ne perdez point ces précieux moments :
La beauté passe,
Le temps l'efface,
L'âge de glace
Vient à sa place,
Qui nous ôte le goût de ces doux passe-temps. Profitez du printemps
De vos beaux ans

Aimable jeunesse ;
Profitez du printemps
De vos beaux ans.
Donnez-vous à la tendresse.

Seconde femme More
Quand d'aimer on nous presse
A quoi songez-vous ?
Nos coeurs, dans la jeunesse,
N'ont vers la tendresse
Qu'un penchant trop doux ;
L'amour a pour nous prendre
De si doux attraits,
Que de soi, sans attendre,
On voudroit se rendre
A ses premiers traits :
Mais tout ce qu'on écoute
Des vives douleurs
Et des pleurs
Qu'il nous coûte
Fait qu'on en redoute
Toutes les douceurs.

Troisième femme More
Il est doux, à notre âge,
D'aimer tendrement
Un amant
Qui s'engage : Mais s'il est volage,
Hélas ! quel tourment !
Quatrième femme More
L'amant qui se dégage
N'est pas le malheur :
La douleur
Et la rage,
C'est que le volage

Garde notre coeur.
Seconde femme More
Quel parti faut-il prendre
Pour nos jeunes coeurs ?
Quatrième femme More
Devons-nous nous y rendre
Malgré ses rigueurs ?
Ensemble
Oui, suivons ses ardeurs,
Ses transports, ses caprices,
Ses douces langueurs ;
S'il a quelques supplices,
Il a cent délices
Qui charment les coeurs.

Entrée de ballet
Tous les Mores dansent ensemble et font sauter des singes qu'ils ont amenés avec eux.

Acte III

Scène I

Béralde, Argan, Toinette

Béralde
Hé bien ! mon frère, qu'en dites-vous ? cela ne vaut-il pas bien une prise de casse ?

Toinette
Hon, de bonne casse est bonne.

Béralde
Oh çà ! voulez-vous que nous parlions un peu ensemble ?

Argan
Un peu de patience, mon frère, je vais revenir.

Toinette
Tenez, Monsieur, vous ne songez pas que vous ne sauriez marcher sans bâton.

Argan
Tu as raison.
Scène II

Béralde, Toinette

Toinette
N'abandonnez pas, s'il vous plaît, les intérêts de votre nièce.

Béralde
J'emploierai toutes choses pour lui obtenir ce qu'elle souhaite.

Toinette
Il faut absolument empêcher ce mariage extravagant qu'il s'est mis dans la fantaisie, et j'avois songé en moi—même que ç'auroit été une bonne affaire de pouvoir introduire ici un médecin à notre poste, pour le dégoûter de son Monsieur Purgon, et lui décrier sa conduite. Mais, comme nous n'avons personne en main pour cela, j'ai résolu de jouer un tour de ma tête.

Béralde
Comment ?

Toinette
C'est une imagination burlesque. Cela sera peut—être plus heureux que sage. Laissez—moi faire : agissez de votre côté. Voici notre homme.
Scène III

Argan, Béralde

Béralde
Vous voulez bien, mon frère, que je vous demande, avant toute chose, de ne vous point échauffer l'esprit dans notre conversation.

Argan
Voilà qui est fait.

Béralde
De répondre sans nulle aigreur aux choses que je pourrai vous dire.

Argan
Oui.

Béralde
Et de raisonner ensemble, sur les affaires dont nous avons à parler, avec un

esprit détaché de toute passion.

Argan
Mon Dieu ! oui. Voilà bien du préambule.

Béralde
D'où vient, mon frère, qu'ayant le bien que vous avez, et n'ayant d'enfants qu'une fille, car je ne compte pas la petite, d'où vient, dis-je, que vous parlez de la mettre dans un couvent ?

Argan
D'où vient, mon frère, que je suis maître dans ma famille pour faire ce que bon me semble ?

Béralde
Votre femme ne manque pas de vous conseiller de vous défaire ainsi de vos deux filles, et je ne doute point que, par un esprit de charité, elle ne fût ravie de les voir toutes deux bonnes religieuses.

Argan
Oh çà ! nous y voici. Voilà d'abord la pauvre femme en jeu : c'est elle qui fait tout le mal, et tout le monde lui en veut.

Béralde
Non, mon frère ; laissons-la là ; c'est une femme qui a les meilleures intentions du monde pour votre famille, et qui est détachée de toute sorte d'intérêt, qui a pour vous une tendresse merveilleuse, et qui montre pour vos enfants une affection et une bonté qui n'est pas concevable : cela est certain. N'en parlons point, et revenons à votre fille. Sur quelle pensée, mon frère, la voulez-vous donner en mariage au fils d'un médecin ?

Argan
Sur la pensée, mon frère, de me donner un gendre tel qu'il me faut.

Béralde
Ce n'est point là, mon frère, le fait de votre fille, et il se présente un parti plus sortable pour elle.

Argan
Oui, mais celui-ci, mon frère ; est plus sortable pour moi.

Béralde
Mais le mari qu'elle doit prendre doit-il être, mon frère, ou pour elle, ou pour vous ?

Argan
Il doit être, mon frère, et pour elle, et pour moi, et je veux mettre dans ma famille les gens dont j'ai besoin.

Béralde
Par cette raison-là, si votre petite étoit grande, vous lui donneriez en mariage un apothicaire ?

Argan
Pourquoi non ?

Béralde
Est-il possible que vous serez toujours embéguiné de vos apothicaires et de vos médecins, et que vous vouliez être malade en dépit des gens et de la nature ?

Argan
Comment l'entendez-vous, mon frère ?

Béralde
J'entends, mon frère, que je ne vois point d'homme qui soit moins malade que vous, et que je ne demanderois point une meilleure constitution que la vôtre. Une grande marque que vous vous portez bien, et que vous avez un corps parfaitement bien composé, c'est qu'avec tous les soins que vous avez pris, vous n'avez pu parvenir encore à gâter la bonté de votre tempérament, et que vous n'êtes point crevé de toutes les médecines qu'on vous a fait prendre.

Argan
Mais savez-vous, mon frère, que c'est cela qui me conserve, et que Monsieur Purgon dit que je succomberois, s'il étoit seulement trois jours sans prendre soin de moi ?

Béralde
Si vous n'y prenez garde, il prendra tant de soin de vous, qu'il vous envoiera en l'autre monde.

Argan
Mais raisonnons un peu, mon frère. Vous ne croyez donc point à la médecine ?

Béralde
Non, mon frère, et je ne vois pas que, pour son salut, il soit nécessaire d'y croire.

Argan
Quoi ? vous ne tenez pas véritable une chose établie par tout le monde, et que tous les siècles ont révérée ?

Béralde
Bien loin de la tenir véritable, je la trouve, entre nous, une des plus grandes folies qui soit parmi les hommes ; et à regarder les choses en philosophe, je ne vois point de plus plaisante momerie, je ne vois rien de plus ridicule qu'un homme qui se veut mêler d'en guérir un autre.

Argan
Pourquoi ne voulez-vous pas, mon frère, qu'un homme en puisse guérir un autre ?

Béralde
Par la raison, mon frère, que les ressorts de notre machine sont des mystères, jusques ici, où les hommes ne voient goutte, et que la nature nous a mis au-devant des yeux des voiles trop épais pour y connoître quelque chose.

Argan
Les médecins ne savent donc rien, à votre compte ?

Béralde
Si fait, mon frère. Ils savent la plupart de fort belles humanités, savent parler en beau latin, savent nommer en grec toutes les maladies, les définir et les diviser ; mais, pour ce qui est de les guérir, c'est ce qu'ils ne savent point du tout.

Argan
Mais toujours faut-il demeurer d'accord que, sur cette matière, les médecins en savent plus que les autres.

Béralde
Ils savent, mon frère, ce que je vous ai dit, qui ne guérit pas de grand'chose ; et toute l'excellence de leur art consiste en un pompeux galimatias, en un spécieux babil, qui vous donne des mots pour des raisons, et des promesses pour des effets.

Argan
Mais enfin, mon frère, il y a des gens aussi sages et aussi habiles que vous ; et nous voyons que, dans la maladie, tout le monde a recours aux médecins.

Béralde
C'est une marque de la foiblesse humaine, et non pas de la vérité de leur art.

Argan
Mais il faut bien que les médecins croient leur art véritable, puisqu'ils s'en servent pour eux-mêmes.

Béralde
C'est qu'il y en a parmi eux qui sont eux-mêmes dans l'erreur populaire, dont ils profitent, et d'autres qui en profitent sans y être. Votre Monsieur

Purgon, par exemple, n'y sait point de finesse : c'est un homme tout médecin, depuis la tête jusqu'aux pieds ; un homme qui croit à ses règles plus qu'à toutes les démonstrations des mathématiques, et qui croiroit du crime à les vouloir examiner ; qui ne voit rien d'obscur dans la médecine, rien de douteux, rien de difficile, et qui, avec une impétuosité de prévention, une roideur de confiance, une brutalité de sens commun et de raison, donne au travers des purgations et des saignées, et ne balance aucune chose. Il ne lui faut point vouloir mal de tout ce qu'il pourra vous faire : c'est de la meilleure foi du monde qu'il vous expédiera, et il ne fera, en vous tuant, que ce qu'il a fait à sa femme et ses enfants, et ce qu'en un besoin il feroit à lui-même.

Argan
C'est que vous avez, mon frère, une dent de lait contre lui. Mais enfin venons au fait. Que faire donc quand on est malade ?

Béralde
Rien, mon frère.

Argan
Rien ?

Béralde
Rien. Il ne faut que demeurer en repos. La nature, d'elle-même, quand nous la laissons faire, se tire doucement du désordre où elle est tombée. C'est notre inquiétude, c'est notre impatience qui gâte tout, et presque tous les hommes meurent de leurs remèdes, et non pas de leurs maladies.

Argan
Mais il faut demeurer d'accord, mon frère, qu'on peut aider cette nature par de certaines choses.

Béralde
Mon Dieu ! mon frère, ce sont pures idées, dont nous aimons à nous repaître ; et, de tout temps, il s'est glissé parmi les hommes de belles imaginations, que nous venons à croire, parce qu'elles nous flattent et qu'il

seroit à souhaiter qu'elles fussent véritables. Lorsqu'un médecin vous parle d'aider, de secourir, de soulager la nature, de lui ôter ce qui lui nuit et lui donner ce qui lui manque, de la rétablir et de la remettre dans une pleine facilité de ses fonctions ; lorsqu'il vous parle de rectifier le sang, de tempérer les entrailles et le cerveau, de dégonfler la rate, de raccommoder la poitrine, de réparer le foie, de fortifier le coeur, de rétablir et conserver la chaleur naturelle, et d'avoir des secrets pour étendre la vie à de longues années : il vous dit justement le roman de la médecine. Mais quand vous en venez à la vérité et à l'expérience, vous ne trouvez rien de tout cela, et il en est comme de ces beaux songes qui ne vous laissent au réveil que le déplaisir de les avoir crus.

Argan
C'est-à-dire que toute la science du monde est renfermée dans votre tête, et vous voulez en savoir plus que tous les grands médecins de notre siècle.
Béralde
Dans les discours et dans les choses, ce sont deux sortes de personnes que vos grands médecins. Entendez-les parler : les plus habiles gens du monde ; voyez-les faire : les plus ignorants de tous les hommes.

Argan
Hoy ! Vous êtes un grand docteur, à ce que je vois, et je voudrois bien qu'il y eut ici quelqu'un de ces Messieurs pour rembarrer vos raisonnements et rabaisser votre caquet.

Béralde
Moi, mon frère, je ne prends point à tâche de combattre la médecine ; et chacun, à ses périls et fortune, peut croire tout ce qu'il lui plaît. Ce que j'en dis n'est qu'entre nous, et j'aurois souhaité de pouvoir un peu vous tirer de l'erreur où vous êtes, et, pour vous divertir, vous mener voir sur ce chapitre quelqu'une des comédies de Molière.

Argan
C'est un bon impertinent que votre Molière avec ses comédies, et je le trouve bien plaisant d'aller jouer d'honnêtes gens comme les médecins.

Béralde
Ce ne sont point les médecins qu'il joue, mais le ridicule de la médecine.

Argan
C'est bien à lui à faire de se mêler de contrôler la médecine ; voilà un bon nigaud, un bon impertinent, de se moquer des consultations et des ordonnances, de s'attaquer au corps des médecins, et d'aller mettre sur son théâtre des personnes vénérables comme ces Messieurs-là.

Béralde
Que voulez-vous qu'il y mette que les diverses professions des hommes ? On y met bien tous les jours les princes et les rois, qui sont d'aussi bonne maison que les médecins.

Argan
Par la mort non de diable ! si j'étois que des médecins, je me vengerois de son impertinence ; et quand il sera malade, je le laisserois mourir sans secours. Il auroit beau faire et beau dire, je ne lui ordonnerois pas la moindre petite saignée, le moindre petit lavement, et je lui dirois : "Crève, crève ! cela t'apprendra une autre fois à te jouer à la Faculté."

Béralde
Vous voilà bien en colère contre lui.

Argan
Oui, c'est un malavisé, et si les médecins sont sages, ils feront ce que je dis.

Béralde
Il sera encore plus sage que vos médecins, car il ne leur demandera point de secours.

Argan
Tant pis pour lui s'il n'a point recours aux remèdes.

Béralde

Il a ses raisons pour n'en point vouloir, et il soutient que cela n'est permis qu'aux gens vigoureux et robustes, et qui ont des forces de reste pour porter les remèdes avec la maladie ; mais que, pour lui, il n'a justement de la force que pour porter son mal.

Argan
Les sottes raisons que voilà ! Tenez, mon frère, ne parlons point de cet homme-là davantage, car cela m'échauffe la bile, et vous me donneriez mon mal.

Béralde
Je le veux bien, mon frère ; et, pour changer de discours, je vous dirai que, sur une petite répugnance que vous témoigne votre fille, vous ne devez point prendre les résolutions violentes de la mettre dans un couvent ; que, pour le choix d'un gendre, il ne vous faut pas suivre aveuglément la passion qui vous emporte, et qu'on doit, sur cette matière, s'accommoder un peu à l'inclination d'une fille, puisque c'est pour toute la vie, et que de là dépend tout le bonheur d'un mariage.
Scène IV

Monsieur Fleurant, une seringue à la main ; Argan, Béralde

Argan
Ah ! mon frère, avec votre permission.

Béralde
Comment ? que voulez-vous faire ?

Argan
Prendre ce petit lavement-là ; ce sera bientôt fait.

Béralde
Vous vous moquez. Est-ce que vous ne sauriez être un moment sans lavement ou sans médecine ? Remettez cela à une autre fois, et demeurez un peu en repos.

Argan
Monsieur Fleurant, à ce soir, ou à demain au matin.

Monsieur Fleurant, à Béralde.
De quoi vous mêlez-vous de vous opposer aux ordonnances de la médecine, et d'empêcher Monsieur de prendre mon clystère ? Vous êtes bien plaisant d'avoir cette hardiesse-là !
Béralde
Allez, Monsieur, on voit bien que vous n'avez pas accoutumé de parler à des visages.

Monsieur Fleurant
On ne doit point ainsi se jouer des remèdes, et me faire perdre mon temps. Je ne suis venu ici que sur une bonne ordonnance, et je vais dire à Monsieur Purgon comme on m'a empêché d'exécuter ses ordres et de faire ma fonction. Vous verrez, vous verrez...

Argan
Mon frère, vous serez cause ici de quelque malheur.

Béralde
Le grand malheur de ne pas prendre un lavement que Monsieur Purgon a ordonné. Encore un coup, mon frère, est-il possible qu'il n'y ait pas moyen de vous guérir de la maladie des médecins, et que vous vouliez être, toute votre vie, enseveli dans leurs remèdes ?

Argan
Mon Dieu ! mon frère, vous en parlez comme un homme qui se porte bien ; mais, si vous étiez à ma place, vous changeriez bien de langage. Il est aisé de parler contre la médecine quand on est en pleine santé.
Béralde
Mais quel mal avez-vous ?

Argan

Vous me feriez enrager. Je voudrois que vous l'eussiez mon mal, pour voir si vous jaseriez tant. Ah ! voici Monsieur Purgon.
Scène V

Monsieur Purgon, Argan, Béralde, Toinette

Monsieur Purgon
Je viens d'apprendre là-bas, à la porte, de jolies nouvelles : qu'on se moque ici de mes ordonnances, et qu'on a fait refus de prendre le remède que j'avois prescrit.

Argan
Monsieur, ce n'est pas...

Monsieur Purgon
Voilà une hardiesse bien grande, une étrange rébellion d'un malade contre son médecin.

Toinette
Cela est épouvantable.

Monsieur Purgon
Un clystère que j'avois pris plaisir à composer moi-même.

Argan
Ce n'est pas moi...

Monsieur Purgon
Inventé et formé dans toutes les règles de l'art.
Toinette
Il a tort.

Monsieur Purgon
Et qui devoit faire dans des entrailles un effet merveilleux

Argan
Mon frère ?

Monsieur Purgon
Le renvoyer avec mépris !

Argan
C'est lui...

Monsieur Purgon
C'est une action exorbitante.

Toinette
Cela est vrai.

Monsieur Purgon
Un attentat énorme contre la médecine.

Argan
Il est cause...

Monsieur Purgon
Un crime de lèse-Faculté, qui ne se peut assez punir.
Toinette
Vous avez raison.

Monsieur Purgon
Je vous déclare que je romps commerce avec vous.

Argan
C'est mon frère...

Monsieur Purgon
Que je ne veux plus d'alliance avec vous.

Toinette
Vous ferez bien.

Monsieur Purgon
Et que, pour finir toute liaison avec vous, voilà la donation que je faisois à mon neveu, en faveur du mariage.

Argan
C'est mon frère qui a fait tout le mal.

Monsieur Purgon
Mépriser mon clystère !

Argan
Faites-le venir, je m'en vais le prendre.
Monsieur Purgon
Je vous aurois tiré d'affaire avant qu'il fût peu.

Toinette
Il ne le mérite pas.

Monsieur Purgon
J'allois nettoyer votre corps et en évacuer entièrement les mauvaises humeurs.

Argan
Ah, mon frère !

Monsieur Purgon
Et je ne voulois plus qu'une douzaine de médecines, pour vuider le fond du sac.

Toinette
Il est indigne de vos soins.

Monsieur Purgon
Mais puisque vous n'avez pas voulu guérir par mes mains.

Argan
Ce n'est pas ma faute.

Monsieur Purgon
Puisque vous vous êtes soustrait de l'obéissance que l'on doit à son médecin.
Toinette
Cela crie vengeance.

Monsieur Purgon
Puisque vous vous êtes déclaré rebelle aux remèdes que je vous ordonnois...

Argan
Hé ! point du tout.

Monsieur Purgon
J'ai à vous dire que je vous abandonne à votre mauvaise constitution, à l'intempérie de vos entrailles, à la corruption de votre sang, à l'âcreté de votre bile et à la féculence de vos humeurs.

Toinette
C'est fort bien fait.

Argan
Mon Dieu !

Monsieur Purgon
Et je veux qu'avant qu'il soit quatre jours vous deveniez dans un état incurable.

Argan

Ah ! miséricorde !
Monsieur Purgon
Que vous tombiez dans la bradypepsie.

Argan
Monsieur Purgon !

Monsieur Purgon
De la bradypepsie dans la dyspepsie.

Argan
Monsieur Purgon !

Monsieur Purgon
De la dyspepsie dans l'apepsie.

Argan
Monsieur Purgon !

Monsieur Purgon
De l'apepsie dans la lienterie...

Argan
Monsieur Purgon !

Monsieur Purgon
De la lienterie dans la dysenterie...
Argan
Monsieur Purgon !

Monsieur Purgon
De la dysenterie dans l'hydropisie...

Argan
Monsieur Purgon !

Monsieur Purgon
Et de l'hydropisie dans la privation de la vie, où vous aura conduit votre folie.

Scène VI

Argan, Béralde

Argan
Ah, mon Dieu ! je suis mort. Mon frère, vous m'avez perdu.

Béralde
Quoi ? qu'y a-t-il ?

Argan
Je n'en puis plus. Je sens déjà que la médecine se venge.

Béralde
Ma foi ! mon frère, vous êtes fou, et je ne voudrois pas, pour beaucoup de choses, qu'on vous vît faire ce que vous faites. Tâtez-vous un peu, je vous prie, revenez à vous-même, et ne donnez point tant à votre imagination.

Argan
Vous voyez, mon frère, les étranges maladies dont il m'a menacé.

Béralde
Le simple homme que vous êtes !

Argan
Il dit que je deviendrai incurable avant qu'il soit quatre jours.

Béralde
Et ce qu'il dit, que fait-il à la chose ? Est-ce un oracle qui a parlé ? Il me semble, à vous entendre, que Monsieur Purgon tienne dans ses mains le filet de vos jours, et que, d'autorité suprême, il vous l'allonge et vous le raccourcisse comme il lui plaît. Songez que les principes de votre vie sont

en vous-même, et que le courroux de Monsieur Purgon est aussi peu capable de vous faire mourir que ses remèdes de vous faire vivre. Voici une aventure, si vous voulez, à vous défaire des médecins, ou, si vous êtes né à ne pouvoir vous en passer, il est aisé d'en avoir un autre, avec lequel, mon frère, vous puissiez courir un peu moins de risque.

Argan
Ah ! mon frère, il sait tout mon tempérament et la manière dont il faut me gouverner.

Béralde
Il faut vous avouer que vous êtes un homme d'une grande prévention, et que vous voyez les choses avec d'étranges yeux.
Scène VII

Toinette, Argan, Béralde

Toinette
Monsieur, voilà un médecin qui demande à vous voir.

Argan
Et quel médecin ?

Toinette
Un médecin de la médecine.

Argan
Je te demande qui il est ?

Toinette
Je ne le connois pas ; mais il me ressemble comme deux gouttes d'eau, et si je n'étois sûre que ma mère étoit honnête femme, je dirois que ce seroit quelque petit frère qu'elle m'auroit donné depuis le trépas de mon père.

Argan

Fais-le venir.

Béralde
Vous êtes servi à souhait : un médecin vous quitte, un autre se présente.

Argan
J'ai bien peur que vous ne soyez cause de quelque malheur.

Béralde
Encore ! vous en revenez toujours là ?

Argan
Voyez-vous ? j'ai sur le coeur toutes ces maladies-là que je ne connois point, ces...

Scène VIII

Toinette, en médecin ; Argan, Béralde

Toinette
Monsieur, agréez que je vienne vous rendre visite et vous offrir mes petits services pour toutes les saignées et les purgations dont vous aurez besoin.

Argan
Monsieur, je vous suis fort obligé. Par ma foi ! voilà Toinette elle-même.

Toinette
Monsieur, je vous prie de m'excuser, j'ai oublié de donner une commission à mon valet ; je reviens tout à l'heure.

Argan
Eh ! ne diriez-vous pas que c'est effectivement Toinette ?

Béralde
Il est vrai que la ressemblance est tout à fait grande. Mais ce n'est pas la première fois qu'on a vu de ces sortes de choses, et les histoires ne sont pleines que de ces jeux de la nature.

Argan
Pour moi, j'en suis surpris, et...
Scène IX

Toinette, Argan, Béralde

Toinette quitte son habit de médecin si promptement qu'il est difficile de croire que ce soit elle qui a paru en médecin.
Que voulez-vous, Monsieur ?

Argan
Comment ?

Toinette
Ne m'avez-vous pas appelée ?

Argan
Moi ? non.

Toinette
Il faut donc que les oreilles m'ayent corné.

Argan
Demeure un peu ici pour voir comme ce médecin te ressemble.

Toinette, en sortant, dit :
Oui, vraiment, j'ai affaire là-bas, et je l'ai assez vu.

Argan
Si je ne les voyois tous deux, je croirois que ce n'est qu'un.
Béralde
J'ai lu des choses surprenantes de ces sortes de ressemblances, et nous en avons vu de notre temps où tout le monde s'est trompé.

Argan
Pour moi, j'aurois été trompé à celle-là, et j'aurois juré que c'est la même personne.

Scène X

Toinette, en médecin ; Argan, Béralde

Toinette
Monsieur, je vous demande pardon de tout mon coeur.

Argan
Cela est admirable !

Toinette
Vous ne trouverez pas mauvais, s'il vous plaît, la curiosité que j'ai eue de voir un illustre malade comme vous êtes ; et votre réputation, qui s'étend partout, peut excuser la liberté que j'ai prise.

Argan
Monsieur, je suis votre serviteur.

Toinette
Je vois, Monsieur, que vous me regardez fixement. Quel âge croyez-vous bien que j'aye ?

Argan
Je crois que tout au plus vous pouvez avoir vingt-six ou vingt-sept ans.

Toinette
Ah, ah, ah, ah, ah ! j'en ai quatre-vingt-dix.

Argan
Quatre-vingt-dix ?

Toinette
Oui. Vous voyez un effet des secrets de mon art, de me conserver ainsi

frais et vigoureux.

Argan
Par ma foi ! voilà un beau jeune vieillard pour quatre-vingt-dix ans.

Toinette
Je suis médecin passager, qui vais de ville en ville, de province en province, de royaume en royaume, pour chercher d'illustres matières à ma capacité, pour trouver des malades dignes de m'occuper, capables d'exercer les grands et beaux secrets que j'ai trouvés dans la médecine. Je dédaigne de m'amuser à ce menu fatras de maladies ordinaires, à ces bagatelles de rhumatisme et défluxions, à ces fiévrottes, à ces vapeurs, et à ces migraines. Je veux des maladies d'importance : de bonnes fièvres continues avec des transports au cerveau, de bonnes fièvres pourprées, de bonnes pestes, de bonnes hydropisies formées, de bonnes pleurésies avec des inflammations de poitrine : c'est là que je me plais, c'est là que je triomphe ; et je voudrois, Monsieur, que vous eussiez toutes les maladies que je viens de dire, que vous fussiez abandonné de tous les médecins, désespéré, à l'agonie, pour vous montrer l'excellence de mes remèdes, et l'envie que j'aurois de vous rendre service.

Argan
Je vous suis obligé, Monsieur, des bontés que vous avez pour moi.

Toinette
Donnez-moi votre pouls. Allons donc, que l'on batte comme il faut. Ahy, je vous ferai bien aller comme vous devez. Hoy, ce pouls-là fait l'impertinent : je vois bien que vous ne me connoissez pas encore. Qui est votre médecin ?

Argan
Monsieur Purgon.

Toinette
Cet homme-là n'est point écrit sur mes tablettes entre les grands médecins.

De quoi dit-il que vous êtes malade ?

Argan
Il dit que c'est du foie, et d'autres disent que c'est de la rate.

Toinette
Ce sont tous des ignorants : c'est du poumon que vous êtes malade.
Argan
Du poumon ?

Toinette
Oui. Que sentez-vous ?

Argan
Je sens de temps en temps des douleurs de tête.

Toinette
Justement, le poumon.

Argan
Il me semble parfois que j'ai un voile devant les yeux.

Toinette
Le poumon.

Argan
J'ai quelquefois des maux de coeur.

Toinette
Le poumon.

Argan
Je sens parfois des lassitudes par tous les membres.

Toinette

Le poumon.

Argan
Et quelquefois il me prend des douleurs dans le ventre, comme si c'étoit des coliques.

Toinette
Le poumon. Vous avez appétit à ce que vous mangez ?

Argan
Oui, Monsieur.

Toinette
Le poumon. Vous aimez à boire un peu de vin ?

Argan
Oui, Monsieur.

Toinette
Le poumon. Il vous prend un petit sommeil après le repas et vous êtes bien aise de dormir ?

Argan
Oui, Monsieur.

Toinette
Le poumon, le poumon, vous dis-je. Que vous ordonne votre médecin pour votre nourriture ?

Argan
Il m'ordonne du potage.
Toinette
Ignorant.

Argan
De la volaille.

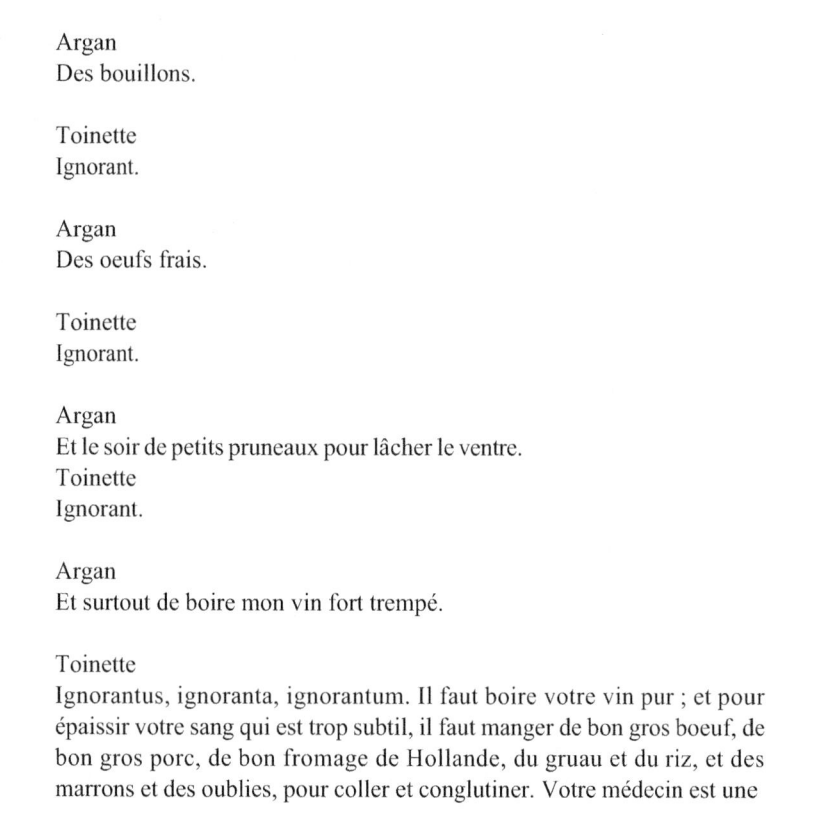

Toinette
Ignorant.

Argan
Du veau.

Toinette
Ignorant.

Argan
Des bouillons.

Toinette
Ignorant.

Argan
Des oeufs frais.

Toinette
Ignorant.

Argan
Et le soir de petits pruneaux pour lâcher le ventre.
Toinette
Ignorant.

Argan
Et surtout de boire mon vin fort trempé.

Toinette
Ignorantus, ignoranta, ignorantum. Il faut boire votre vin pur ; et pour épaissir votre sang qui est trop subtil, il faut manger de bon gros boeuf, de bon gros porc, de bon fromage de Hollande, du gruau et du riz, et des marrons et des oublies, pour coller et conglutiner. Votre médecin est une

bête. Je veux vous en envoyer un de ma main, et je viendrai vous voir de temps en temps, tandis que je serai en cette ville.

Argan
Vous m'obligez beaucoup.

Toinette
Que diantre faites-vous de ce bras-là ?

Argan
Comment ?

Toinette
Voilà un bras que je me ferois couper tout à l'heure, si j'étois que de vous.
Argan
Et pourquoi ?

Toinette
Ne voyez-vous pas qu'il tire à soi toute la nourriture, et qu'il empêche ce côté-là de profiter ?

Argan
Oui ; mais j'ai besoin de mon bras.

Toinette
Vous avez là aussi un oeil droit que je me ferois crever, si j'étois en votre place.

Argan
Crever un oeil ?

Toinette
Ne voyez-vous pas qu'il incommode l'autre, et lui dérobe sa nourriture ? Croyez-moi, faites-vous-le crever au plus tôt, vous en verrez plus clair de l'oeil gauche.

Argan
Cela n'est pas pressé.

Toinette
Adieu. Je suis fâché de vous quitter si tôt ; mais il faut que je me trouve à une grande consultation qui se doit faire pour un homme qui mourut hier.

Argan
Pour un homme qui mourut hier ?

Toinette
Oui, pour aviser, et voir ce qu'il auroit fallu lui faire pour le guérir. Jusqu'au revoir.

Argan
Vous savez que les malades ne reconduisent point.

Béralde
Voilà un médecin vraiment qui paroît fort habile.

Argan
Oui, mais il va un peu bien vite.

Béralde
Tous les grands médecins sont comme cela.

Argan
Me couper un bras, et me crever un oeil, afin que l'autre se porte mieux ? J'aime bien mieux qu'il ne se porte pas si bien. La belle opération, de me rendre borgne et manchot !

Scène XI

Toinette, Argan, Béralde

Toinette

Allons, allons, je suis votre servante, je n'ai pas envie de rire.

Argan
Qu'est-ce que c'est ?

Toinette
Votre médecin, ma foi ! qui me vouloit tâter le pouls.

Argan
Voyez un peu, à l'âge de quatre-vingt-dix ans !

Béralde
Oh çà, mon frère, puisque voilà votre Monsieur Purgon brouillé avec vous, ne voulez-vous pas bien que je vous parle du parti qui s'offre pour ma nièce ?

Argan
Non, mon frère : je veux la mettre dans un convent, puisqu'elle s'est opposée à mes volontés. Je vois bien qu'il y a quelque amourette là-dessous, et j'ai découvert certaine entrevue secrète, qu'on ne sait pas que j'aye découverte.

Béralde
Hé bien ! mon frère, quand il y auroit quelque petite inclination, cela seroit-il si criminel, et rien peut-il vous offenser, quand tout ne va qu'à des choses honnêtes comme le mariage ?

Argan
Quoi qu'il en soit, mon frère, elle sera religieuse, c'est une chose résolue.

Béralde
Vous voulez faire plaisir à quelqu'un.

Argan
Je vous entends : vous en revenez toujours là, et ma femme vous tient au coeur.

Béralde
Hé bien ! oui, mon frère, puisqu'il faut parler à coeur ouvert, c'est votre femme que je veux dire ; et non plus que l'entêtement de la médecine, je ne puis vous souffrir l'entêtement où vous êtes pour elle, et voir que vous donniez tête baissée dans tous les pièges qu'elle vous tend.

Toinette
Ah ! Monsieur, ne parlez point de Madame : c'est une femme sur laquelle il n'y a rien à dire, une femme sans artifice, et qui aime Monsieur, qui l'aime... on ne peut pas dire cela.

Argan
Demandez-lui un peu les caresses qu'elle me fait.

Toinette
Cela est vrai.

Argan
L'inquiétude que lui donne ma maladie.

Toinette
Assurément.

Argan
Et les soins et les peines qu'elle prend autour de moi.

Toinette
Il est certain. Voulez-vous que je vous convainque, et vous fasse voir tout à l'heure comme Madame aime Monsieur ? Monsieur, souffrez que je lui montre son bec jaune, et le tire d'erreur.

Argan
Comment ?

Toinette

Madame s'en va revenir. Mettez-vous tout étendu dans cette chaise, et contrefaites le mort. Vous verrez la douleur où elle sera, quand je lui dirai la nouvelle.
Argan
Je le veux bien.

Toinette
Oui ; mais ne la laissez pas longtemps dans le désespoir, car elle en pourroit bien mourir.

Argan
Laisse-moi faire.

Toinette, à Béralde.
Cachez-vous, vous, dans ce coin-là.

Argan
N'y a-t-il point quelque danger à contrefaire le mort ?

Toinette
Non, non : quel danger y auroit-il ? Etendez-vous là seulement. (Bas.) Il y aura plaisir à confondre votre frère. Voici Madame. Tenez-vous bien.
Scène XII

Béline, Toinette, Argan, Béralde

Toinette s'écrie.
Ah, mon Dieu ! Ah, malheur ! Quel étrange accident !

Béline
Qu'est-ce, Toinette ?

Toinette
Ah, Madame !

Béline
Qu'y a-t-il ?

Toinette
Votre mari est mort.

Béline
Mon mari est mort ?

Toinette
Hélas ! oui. Le pauvre défunt est trépassé.

Béline
Assurément ?
Toinette
Assurément. Personne ne sait encore cet accident-là, et je me suis trouvée ici toute seule. Il vient de passer entre mes bras. Tenez, le voilà tout de son long dans cette chaise.

Béline
Le Ciel en soit loué ! Me voilà délivrée d'un grand fardeau. Que tu es sotte, Toinette, de t'affliger de cette mort !

Toinette
Je pensois, Madame, qu'il fallût pleurer.

Béline
Va, va, cela n'en vaut pas la peine. Quelle perte est-ce que la sienne ? et de quoi servoit-il sur la terre ? Un homme incommode à tout le monde, malpropre, dégoûtant, sans cesse un lavement ou une médecine dans le ventre, mouchant, toussant, crachant toujours, sans esprit, ennuyeux, de mauvaise humeur, fatiguant sans cesse les gens, et grondant jour et nuit servantes et valets.

Toinette

Voilà une belle oraison funèbre.

Béline
Il faut, Toinette, que tu m'aides à exécuter mon dessein, et tu peux croire qu'en me servant ta récompense est sûre. Puisque, par un bonheur, personne n'est encore averti de la chose, portons-le dans son lit, et tenons cette mort cachée, jusqu'à ce que j'aye fait mon affaire. Il y a des papiers, il y a de l'argent dont je veux me saisir, et il n'est pas juste que j'aye passé sans fruit auprès de lui mes plus belles années. Viens, Toinette, prenons auparavant toutes ses clefs.

Argan, se levant brusquement.
Doucement.

Béline, surprise et épouvantée.
Ahy !

Argan
Oui, Madame ma femme, c'est ainsi que vous m'aimez ?

Toinette
Ah, ah ! le défunt n'est pas mort.

Argan, à Béline, qui sort.
Je suis bien aise de voir votre amitié, et d'avoir entendu le beau panégyrique que vous avez fait de moi. Voilà un avis au lecteur qui me rendra sage à l'avenir, et qui m'empêchera de faire bien des choses.

Béralde, sortant de l'endroit où il étoit caché.
Hé bien ! mon frère, vous le voyez.

Toinette
Par ma foi ! je n'aurois jamais cru cela. Mais j'entends votre fille : remettez-vous comme vous étiez, et voyons de quelle manière elle recevra votre mort. C'est une chose qu'il n'est pas mauvais d'éprouver ; et puisque vous êtes en train, vous connoîtrez par là les sentiments que votre famille a

pour vous.
Scène XIII

Angélique, Argan, Toinette, Béralde

Toinette s'écrie :
O Ciel ! ah, fâcheuse aventure ! Malheureuse journée !

Angélique
Qu'as-tu, Toinette, et de quoi pleures-tu ?

Toinette
Hélas ! j'ai de tristes nouvelles à vous donner.

Angélique
Hé quoi ?

Toinette
Votre père est mort.

Angélique
Mon père est mort, Toinette ?

Toinette
Oui ; vous le voyez là. Il vient de mourir tout à l'heure d'une foiblesse qui lui a pris.
Angélique
O Ciel ! quelle infortune ! quelle atteinte cruelle ! Hélas ! faut-il que je perde mon père, la seule chose qui me restoit au monde ? et qu'encore, pour un surcroît de désespoir, je le perde dans un moment où il étoit irrité contre moi ? Que deviendrai-je, malheureuse, et quelle consolation trouver après une si grande perte ?
Scène XIV et dernière

Cléante, Angélique, Argan, Toinette, Béralde

Cléante
Qu'avez-vous donc, belle Angélique ? et quel malheur pleurez-vous ?

Angélique
Hélas ! je pleure tout ce que dans la vie je pouvois perdre de plus cher et de plus précieux : je pleure la mort de mon père.

Cléante
O Ciel ! quel accident ! quel coup inopiné ! Hélas ! après la demande que j'avois conjuré votre oncle de lui faire pour moi, je venois me présenter à lui, et tâcher par mes respects et par mes prières de disposer son coeur à vous accorder à mes voeux.

Angélique
Ah ! Cléante, ne parlons plus de rien. Laissons là toutes les pensées du mariage. Après la perte de mon père, je ne veux plus être du monde, et j'y renonce pour jamais. Oui, mon père, si j'ai résisté tantôt à vos volontés, je veux suivre du moins une de vos intentions, et réparer par là le chagrin que je m'accuse de vous avoir donné. Souffrez, mon père, que je vous en donne ici ma parole, et que je vous embrasse pour vous témoigner mon ressentiment.
Argan se lève :
Ah, ma fille !

Angélique, épouvantée :
Ahy !

Argan
Viens. N'aye point de peur, je ne suis pas mort. Va, tu es mon vrai sang, ma véritable fille ; et je suis ravi d'avoir vu ton bon naturel.

Angélique
Ah ! quelle surprise agréable, mon père ! Puisque par un bonheur extrême le Ciel vous redonne à mes voeux, souffrez qu'ici je me jette à vos pieds

pour vous supplier d'une chose. Si vous n'êtes pas favorable au penchant de mon coeur, si vous me refusez Cléante pour époux, je vous conjure au moins de ne me point forcer d'en épouser un autre. C'est toute la grâce que je vous demande.

Cléante, se jette à genoux.
Eh ! Monsieur, laissez-vous toucher à ses prières et aux miennes, et ne vous montrez point contraire aux mutuels empressements d'une si belle inclination.

Béralde
Mon frère, pouvez-vous tenir là contre ?
Toinette
Monsieur, serez-vous insensible à tant d'amour ?

Argan
Qu'il se fasse médecin, je consens au mariage. Oui, faites-vous médecin, je vous donne ma fille.

Cléante
Très-volontiers, Monsieur : s'il ne tient qu'à cela pour être votre gendre, je me ferai médecin, apothicaire même, si vous voulez. Ce n'est pas une affaire que cela, et je ferois bien d'autres choses pour obtenir la belle Angélique.

Béralde
Mais, mon frère, il me vient une pensée : faites-vous médecin vous-même. La commodité sera encore plus grande, d'avoir en vous tout ce qu'il vous faut.

Toinette
Cela est vrai. Voilà le vrai moyen de vous guérir bientôt ; et il n'y a point de maladie si osée, que de se jouer à la personne d'un médecin.

Argan

Je pense, mon frère, que vous vous moquez de moi : est-ce que je suis en âge d'étudier ?

Béralde
Bon, étudier ! Vous êtes assez savant ; et il y en a beaucoup parmi eux qui ne sont pas plus habiles que vous.
Argan
Mais il faut savoir bien parler latin, connoître les maladies, et les remèdes qu'il y faut faire.

Béralde
En recevant la robe et le bonnet de médecin, vous apprendrez tout cela, et vous serez après plus habile que vous ne voudrez.

Argan
Quoi ? l'on sait discourir sur les maladies quand on a cet habit-là ?

Béralde
Oui. L'on n'a qu'à parler avec une robe et un bonnet, tout galimatias devient savant, et toute sottise devient raison.

Toinette
Tenez, Monsieur, quand il n'y auroit que votre barbe, c'est déjà beaucoup, et la barbe fait plus de la moitié d'un médecin.

Cléante
En tout cas, je suis prêt à tout.

Béralde
Voulez-vous que l'affaire se fasse tout à l'heure ?
Argan
Comment tout à l'heure ?

Béralde
Oui, et dans votre maison.

Argan
Dans ma maison ?

Béralde
Oui. Je connois une Faculté de mes amies, qui viendra tout à l'heure en faire la cérémonie dans votre salle. Cela ne vous coûtera rien.

Argan
Mais moi, que dire, que répondre ?

Béralde
On vous instruira en deux mots, et l'on vous donnera par écrit ce que vous devez dire. Allez-vous-en vous mettre en habit décent, je vais les envoyer querir.

Argan
Allons, voyons cela.

Cléante
Que voulez-vous dire, et qu'entendez-vous avec cette Faculté de vos amies... ?
Toinette
Quel est donc votre dessein ?

Béralde
De nous divertir un peu ce soir. Les comédiens ont fait un petit intermède de la réception d'un médecin, avec des danses et de la musique ; je veux que nous en prenions ensemble le divertissement, et que mon frère y fasse le premier personnage.

Angélique
Mais mon oncle, il me semble que vous vous jouez un peu beaucoup de mon père.

Béralde
Mais, ma nièce, ce n'est pas tant le jouer, que s'accommoder à ses fantaisies. Tout ceci n'est qu'entre nous. Nous y pouvons aussi prendre chacun un personnage, et nous donner ainsi la comédie les uns aux autres. Le carnaval autorise cela. Allons vite préparer toutes choses.

Cléante, à Angélique
Y consentez-vous ?

Angélique
Oui, puisque mon oncle nous conduit.

Troisième intermède

C'est une cérémonie...

C'est une cérémonie burlesque d'un homme qu'on fait médecin en récit, chant, et danse.

Entrée de ballet
Plusieurs tapissiers viennent préparer la salle et placer les bancs en cadence ; ensuite de quoi toute l'assemblée (composée de huit porte-seringues, six apothicaires, vingt-deux docteurs, celui qui se fait recevoir médecin, huit chirurgiens dansants, et deux chantants) entre, et prend ses places, selon les rangs.

Praeses
Sçavantissimi doctores,
Medicinae professores,
Qui hic assemblati estis,
Et vos, altri Messiores,
Sententiarum Facultatis
Fideles executores,
Chirurgiani et apothicari,
Atque tota compania aussi,
Salus, honor, et argentum,
Atque bonum appetitum.
Non possum, docti Confreri,
En moi satis admirari
Qualis bona inventio
Est medici professio,
Quam bella chosa est, et bene trovata, Medicina illa benedicta,
Quae suo nomine solo,
Surprenanti miraculo,

Depuis si longo tempore,
Facit à gogo vivere
Tant de gens omni genere.
Per totam terram videmus
Grandam vogam ubi sumus,
Et quod grandes et petiti
Sunt de nobis infatuti.
Totus mundus, currens ad nostros remedios,
Nos regardat sicut Deos ;
Et nostris ordonnanciis
Principes et reges soumissos videtis.
Donque il est nostrae sapientiae,
Boni sensus atque prudentiae,
De fortement travaillare
A nos bene conservare
In tali credito, voga, et honore,
Et prandere gardam à non recevere
In nostro docto corpore
Quam personas capabiles,
Et totas dignas ramplire
Has plaças honorabiles.
C'est pour cela que nunc convocati estis :
Et credo quod trovabitis
Dignam matieram medici
In sçavanti homine que voici, Lequel, in choisis omnibus,
Dono ad interrogandum,
Et à fond examinandum
Vostris capacitatibus.

Primus Doctor
Si mihi licenciam dat Dominus Praeses,
Et tanti docti Doctores,
Et assistantes illustres,
Très sçavanti Bacheliero,
Quem estimo et honoro,

Domandabo causam et rationem quare
Opium facit dormire.

Bachelierus
Mihi a docto Doctore
Domandatur causam et rationem quare
Opium facit dormire :
A quoi respondeo,
Quia est in eo
Virtus dormitiva,
Cujus est natura
Sensus assoupire.

Chorus
Bene, bene, bene, bene respondere :
Dignus, dignus est entrare
In nostro docto corpore.

Secundus Doctor
Cum permissione Domini Praesidis,
Doctissimae Facultatis,
Et totius his nostris actis Companiae assistantis,
Domandabo tibi, docte Bacheliere,
Quae sunt remedia
Quae in maladia
Ditte hydropisia
Convenit facere.

Bachelierus
Clysterium donare,
Postea seignare,
Ensuitta purgare.

Chorus
Bene, bene, bene, bene respondere.

Dignus, dignus est entrare
In nostro docto corpore.

Tertius Doctor
Si bonum semblatur Domino Praesidi,
Doctissimae Facultati,
Et companiae praesenti,
Domandabo tibi, docte Bacheliere,
Quae remedia eticis,
Pulmonicis, atque asmaticis,
Trovas à propos facere.

Bachelierus
Clysterium donare,
Postea seignare,
Ensuitta purgare.

Chorus
Bene, bene, bene, bene respondere : Dignus, dignus est entrare
In nostro docto corpore.
Quartus Doctor
Super illas maladias
Doctus Bachelierus dixit maravillas
Mais si non ennuyo Dominum Praesidem,
Doctissimam Facultatem,
Et totam honorabilem
Companiam ecoutantem,
Faciam illi unam quaestionem.
De hiero maladus unus
Tombavit in meas manus :
Habet grandam fievram cum redoublamentis,
Grandam dolorem capitis,
Et grandum malum au costé,
Cum granda difficultate
Et poena de respirare :

Veillas mihi dire,
Docte Bacheliere,
Quid illi facere ?

Bachelierus
Clysterium donare,
Postea seignare,
Ensuitta purgare.
Quintus Doctor
Mais si maladia
Opiniatria
Non vult se garire,
Quid illi facere ?
Bachelierus
Clysterium donare,
Postea seignare,
Ensuitta purgare.

Chorus
Bene, bene, bene, bene respondere :
Dignus, dignus est entrare
In nostro docto corpore.
Praeses
Juras gardare statuta
Per Facultatem praescripta
Cum sensu et jugeamento ?

Bachelierus
Juro.
Praeses
Essere, in omnibus,
Consultationibus,
Ancieni aviso,
Aut bono,
Aut mauvaiso ?

Bachelierus
Juro.
Praeses
De non jamais te servire
De remediis aucunis
Quam de ceux seulement doctae Facultatis,
Maladus dust-il crevare,
Et mori de suo malo ?
Bachelierus
Juro.
Praeses
Ego, cum isto boneto
Venerabili et docto,
Dono tibi et concedo
Virtutem et puissanciam
Medicandi,
Purgandi,
Seignandi,
Perçandi,
Taillandi,
Coupandi.
Et occidendi
Impune per totam terram.

Entrée de Ballet
Tous les Chirurgiens et Apothicaires viennent lui faire la révérence en cadence.

Bachelierus
Grandes doctores doctrinae
De la rhubarbe et du séné,
Ce seroit sans douta à moi chosa folla,
Inepta et ridicula,
Si j'alloibam m'engageare

Vobis louangeas donare,
Et entreprenoibam adjoutare
Des lumieras au soleillo,
Et des étoilas au cielo, Des ondas à l'Oceano,
Et des rosas au printanno.
Agreate qu'avec uno moto,
Pro toto remercimento,
Rendam gratiam corpori tam docto.
Vobis, vobis debeo
Bien plus qu'à naturae et qu'à patri meo :
Natura et pater meus
Hominem me habent factum ;
Mais vos me, ce qui est bien plus,
Avetis factum medicum,
Honor, favor, et gratia
Qui, in hoc corde que voilà,
Imprimant ressentimenta
Qui dureront in secula.

Chorus
Vivat, vivat, vivat, vivat, cent fois vivat,
Novus Doctor, qui tam bene parlat !
Mille, mille annis et manget et bibat,
Et seignet et tuat !
Entrée de Ballet
Tous les Chirurgiens et les Apothicaires dansent au son des instruments et des voix, et des battements de
mains, et des mortiers d'apothicaires.

Chirurgus
Puisse-t-il voir doctas
Suas ordonnancias
Omnium chirurgorum Et apothiquarum
Remplire boutiquas !

Chorus
Vivat, vivat, vivat, vivat, cent fois vivat
Novus Doctor, qui tam bene parlat !
Mille, mille annis et manget et bibat,
Et seignet et tuat !

Chirurgus
Puissent toti anni
Lui essere boni
Et favorabiles,
Et n'habere jamais
Quam pestas, verolas,
Fievras, pluresias,
Fluxus de sang, et dyssenterias !

Chorus
Viva, vivat, vivat, vivat, cent fois vivat
Novus Doctor, qui tam bene parlat !
Mille, mille annis et manget et bibat,
Et seignet et tuat !

Dernière entrée de Ballet

FIN

Biographie Molière

Molière, Jean-Baptiste Poquelin est baptisé en l'Eglise Saint-Eustache le 15 janvier 1622.

Il est certainement né la veille ou l'avant-veille de son baptême.

Son père était tapissier du roi.

Sa mère Marie Cresé meurt en 1632 alors qu'il n'a que dix ans, sa belle-mère en 1636. S'en suivent la mort de trois de ses frères et sœurs puis de son grand-père en 1638.

Il va grandir dans un climat de deuil et de solitude.

La famille aura vécu dans le quartier parisien des Halles et plus précisément dans la maison dite du « Pavillon des singes».

Molière entreprend des études de droit et devient avocat en 1640 mais abandonne rapidement sa carrière.

Il rencontre la directrice d'une troupe de théâtre, Madeleine Béjart et va commencer sa carrière théâtrale. Malheureusement, après la fondation de l'Illustre-Théâtre avec Madeleine Béjart, il est couvert de dettes et sera envoyé en prison au Châtelet.

C'est précisément le 28 juin 1644 que

Jean-Baptiste Poquelin prend pour pseudonyme Molière. Puis en 1645, il rejoint la troupe de Charles Du Fresne avec Béjart. Et c'est en 1655 qu'il fait jouer sa première comédie L'Etourdi puis Le Dépit amoureux en 1656 représenté pour la première fois à Béziers.

Et c'est précisément en 1659 qu'il va connaître le succès avec la pièce de théâtre Les Précieuses ridicules. Une pièce va lui apporter la protection royale Les Fâcheux qu'il joue en 1661 devant Louis XIV à Vaux-le-Vicomte. On dit que Molière est le peintre de la bourgeoisie dont il dénonce les défauts.

Il épouse en 1662 Armande Béjart, la fille de Madeleine Béjart, de vingt ans sa cadette, à Saint-Germain-L'Auxerrois. La même année, il fait jouer L'Ecole des femmes au Palais Royal le 26 décembre.

S'en suivront en 1663, La Critique de l'Ecole des femmes et L'Impromptu de Versailles.

Le 28 février, il baptise son fils Louis né le 19 janvier, dont le Roi sera le parrain et la duchesse d'Orléans, sa marraine.

Puis en 1664, se jouera Le Tartuffe. Pièce à scandale en effet, elle sera interdite par la reine-mère et c'est en 1669 qu'il pourra la jouer sur scène. Le 10 novembre 1664, Louis, son fils meurt.

Il écrit Dom Juan en 1665, Le Misanthrope et Le Médecin malgré lui en 1666, l'Amphitryon, George Dandin et L'Avare en 1668 puis Le Bourgeois gentilhomme en 1670.

En 1671, sort Les Fourberies de Scapin, une comédie en trois actes.

Du côté de sa vire privée, ses relations avec sa femme se dégradent de plus en plus et même sa son état de santé n'est pas bon.

Il publiera en 1672 Les femmes savantes puis Le Malade Imaginaire en 1673.

Et c'est en montant sur scène, un vendredi 17 de l'année 1673 en jouant Le Malade Imaginaire pour la quatrième fois que Molière se sent vraiment mal. A la fin de la pièce, il est pris d'une quinte de toux et crache du sang. Le rideau tome, alors que les gens dans le public ne se sont aperçus de rien.

Il mourra à son domicile dans les heures qui suivent. Après l'intervention du Roi, Molière est inhumé le 21 février 1673 au cimetière Saint-Joseph qui dépend de Saint-Eustache, car en effet, en France à cette époque, l'Eglise catholique reproche aux comédiens de donner du mensonge aux gens pour gagner leur vie. Ils sont par conséquent exclus de

la religion catholique et n'ont pas le droit d'être enterrés. Il faudra donc que le Roi intervienne pour que Molière puisse être inhumé.
Sa dépouille sera transférée en 1817 au cimetière du Père-Lachaise.

Printed in Great Britain
by Amazon